NOTRE ROUTE COMMENCE À BAGDAD

Titre original : *The War Over Irak : Saddam's Tyranny and America's Mission*

NOTRE ROUTE COMMENCE À BAGDAD

PAR LES FAUCONS DE LA MAISON-BLANCHE

William Kristol
Lawrence F. Kaplan

Préface de François Heisbourg

Traduit de l'anglais (États-Unis)
par Hélène Demazure

Saint-Simon

Table

Préface

William Kristol est largement considéré comme le chef de file intellectuel des néo-conservateurs américains. Ce n'est pas tout à fait exact: l'école de pensée qu'incarne Bill Kristol est d'essence révolutionnaire et non conservatrice. Sa vision du rôle de son pays dans le monde est dynamique et radicale. En termes d'analogie historique, politique et intellectuelle, c'est au jeune Bonaparte et à ceux qui l'entouraient que fait penser son projet, projet qui se traduit aujourd'hui en réalités tangibles sur le terrain irakien. La campagne d'Irak qui vient de s'achever, avec son mélange d'objectifs idéalistes – le « remodelage » démocratique – et d'intérêts stratégiques ou économiques plus classiques, n'est pas sans rappeler le faisceau d'objectifs présidant à l'expédition d'Égypte ou à l'exportation à la pointe de l'épée du modèle de gouvernance républicain et jacobin accompagnant les campagnes d'Italie. Et dès lors que la puissance concernée dispose de la prépondérance militaire, ce type de dynamique peut se dérouler sur d'assez longues périodes avant de connaître une fin plus ou moins glorieuse: dix-sept ans ont séparé la bataille des Pyramides de la défaite de Waterloo.

Si la vision de William Kristol est éminemment critiquable, elle n'est pas médiocre. Ajoutons à cela qu'il est un homme de grand talent, comme le sont ses pairs intellectuels travaillant dans l'administration Bush – tel Paul Wolfowitz, numéro 2 du Pentagone – ou vivant de leur plume, tel Robert Kagan. La communauté internationale a certes des raisons objectives de ne pas apprécier l'action et l'inspiration du président Bush et de son administration: ce serait cependant une grave erreur, trop largement répandue, de se représenter cette équipe comme une bande de cow-boys incultes souffrant de sévères déficiences au niveau du QI. Le président Bush n'a sans doute pas l'éloquence d'un Périclès ; mais ne nous y méprenons pas : les animateurs et les acteurs de la politique extérieure américaine ne manquent ni d'intelligence, ni de détermination. Le triptyque stratégique qui caractérise l'action extérieure de l'administration Bush – action préventive, changement de régime, prééminence américaine – n'est pas né d'un caprice, mais a des racines politiques et intellectuelles profondes. Le livre de William Kristol permet, entre autres, de comprendre l'origine politico-historique de ce courant de pensée : ce « Manifeste du Parti néo-conservateur » est hanté par un spectre, celui de la guerre du Vietnam, symbole de défaite et de dévoiement, cependant que la Seconde Guerre mondiale est considérée par la génération héritière du trauma vietnamien comme incarnant les vertus morales et martiales qu'il convient de recouvrer.

Le lecteur impartial trouvera sans doute beaucoup à redire aux thèses de William Kristol, notamment sur la dangerosité prêtée à l'Irak : il y a quelques passages rétrospectivement succulents sur le prétendu renforcement de l'armée irakienne au cours des dernières années. De même, la proposition générale selon laquelle tout progrès de la démocratie ne peut qu'être favorable aux États-Unis résiste mal aux sentiments fort peu pro-américains manifestés par de nombreux Irakiens à l'égard des tombeurs de Saddam. À chacun de se faire son opinion sur la vision développée par William Kristol : mais personne ne pourra dire que l'auteur manque de brio ou d'arguments, ni que son travail de recherches présente des lacunes.

Ce livre a été écrit pour un public américain. Aussi n'y figure aucun effort particulier pour ménager le lecteur européen ; mais, du coup, il ne cherche pas davantage à choquer ou à singulariser les Européens, sa démarche différant en cela de celle de son collègue Robert Kagan. Aussi, et quel que soit le degré d'adhésion ou le rejet que peut provoquer l'analyse de l'auteur, les lecteurs européens auront un intérêt particulier à en méditer certains points saillants, concernant notre propre sécurité et notre place dans le monde :

— la nécessité de penser le changement démocratique au Moyen-Orient. Il ne suffit pas aux Européens de dénoncer le bonapartisme américain pour fonder un projet. Bill Kristol dénonce à juste titre une certaine realpolitik offrant pour seule perspective aux peuples arabes la perpétuation d'une « stabilité » synonyme de dictature, de régression sociale et d'arriération économique. L'auteur a raison de souligner que le Moyen-Orient n'a pas besoin de stabilité mais de changement. Reste à savoir lequel : la classe intellectuelle française y a-t-elle suffisamment réfléchi ? Qu'avons-nous, Français et Européens, à offrir comme vision alternative à un statu quo indéfendable (mais dont nous nous accommodons fort bien !) sans pour autant nous aligner sur l'interventionnisme américain ?

— la réflexion sur l'action préventive. Les néo-conservateurs, suivis par le président Bush, ont placé la prévention et la préemption au centre de la doctrine stratégique américaine. Là encore, il ne suffit pas de dénoncer l'initiative américaine pour bâtir une politique. Le fait est que la prolifération des armes de destruction massive en Iran, en Corée du Nord, au Pakistan – ce dernier étant largement infiltré par Al-Qaïda, y compris au niveau du programme nucléaire – jointe à l'avènement du terrorisme de destruction de masse ne permet pas de s'en tenir aux recettes de la guerre froide. Les Français sont bien placés pour savoir que l'acquisition d'armes nucléaires par l'Irak avait été retardée par la frappe préventive de l'aviation israélienne contre le réacteur Osirak en mai 1981. Il y a une réflexion à mener sur la manière d'intégrer l'action préventive dans la pensée stratégique des Européens ;

— l'adaptation stratégique de l'Europe à un monde à la fois dépourvu d'alliances militaires permanentes (l'OTAN ne joue plus ce rôle en Europe) et sans perspectives d'émergence à brève échéance d'un contrepoids multipolaire crédible vis-à-vis des États-Unis. Sur ce dernier point, William Kristol brosse un tableau des perspectives malheureusement assez convaincant. Quelles conclusions pratiques faut-il en tirer, sachant que notre pays s'est fait l'avocat de la multipolarité ?

William Kristol focalise ses efforts sur l'examen du passé et les perspectives immédiates de l'action extérieure américaine. L'on pourra regretter qu'il n'ait pas cherché à se projeter dans l'avenir. Pour la communauté internationale, il est évidemment important de savoir si l'« internationalisme typiquement américain » prôné par George W. Bush sera durable ou non, et s'il existe une possibilité réelle de retour à un engagement multilatéral comparable à celui pratiqué par les États-Unis pendant la guerre froide. À cet égard, le rappel que font les auteurs de l'évolution de la politique américaine pendant l'immédiate après-guerre froide (1990-2001) ne permet pas d'espérer un retour au statu quo ante, même si le président Bush était battu aux élections de novembre 2004. L'alternative à l'interventionnisme prôné par les néo-conservateurs serait plutôt un repli américain. Ni les courants wilsoniens de la gauche libérale du parti démocrate, ni « l'école réaliste » (démocrates et républicains confondus) ne sont spécialement portés à l'engagement extérieur, qu'il soit ou non multilatéral. Les questions qui sont posées ici aux Européens, en dérivée de l'analyse de William Kristol, ne disparaîtront pas en cas de repli américain.

En attendant, à Washington, l'heure de William Kristol et de ses compagnons a sonné. La guerre d'Irak s'est déroulée conformément au schéma prévu par eux, contre les vœux des libéraux ou les craintes des réalistes. Les néo-conservateurs sont dans l'ascendant. Dans ces circonstances, une lecture attentive de ce livre n'en a que plus d'importance. Le fait que William Kristol et Lawrence F. Kaplan écrivent bien et avec conviction rendra la tâche aisée et stimulante.

François Heisbourg
Directeur de la Fondation pour la Recherche Stratégique

Note des auteurs au lecteur français

Pendant que la campagne contre Saddam se déroulait, entre le spectacle son et lumière des bombardements sur Bagdad, l'avancée éclair des unités blindées et les reportages haletants des journalistes « intégrés », les opposants américains à la guerre ont continué à rêver d'un bourbier pareil à celui du Vietnam il y a trente-cinq ans, qui non seulement paralyserait l'Amérique mais la punirait. Au début de cette courte campagne, un professeur a déclaré à un public opposé à la guerre qu'il espérait « un million de Mogadiscio », en référence à l'intervention dans la capitale somalienne où dix-huit soldats américains avaient trouvé la mort en 1993. Après la victoire, un journaliste de gauche a suscité de vives réactions lorsqu'il a reconnu que, comme d'autres militants anti-guerre, il avait « à certains moments, espéré secrètement que les choses tourneraient mal, que les Irakiens se montreraient plus nationalistes, qu'ils résisteraient plus longtemps, que le monde arabe se soulèverait dans un mouvement de fureur, que toutes les choses que nous craignions arriveraient ».

Ces sentiments, sans doute plus courants en Europe qu'aux États-Unis, où les trois quarts des Américains étaient favorables à la guerre, reposaient sur une supposition erronée : celle que la campagne contre Saddam et l'appareil de son parti fasciste était une guerre de conquête et d'empire, le caprice d'un petit caïd jouant les gros bras. En réalité, elle n'a pas été menée pour le pétrole ni même pour un quelconque avantage géopolitique, mais surtout au nom d'une idée. Le président

George W. Bush a justifié la guerre comme étant « une grande cause morale ». Aussi mal vue que cette affirmation puisse être aujourd'hui dans certaines parties du monde, il avait raison. Cette cause avait pour enjeu la sécurité de l'Amérique et celle du monde, mais aussi la volonté d'apporter la démocratie dans un pays étouffant sous un système totalitaire dont les contours étaient douloureusement clairs avant même la découverte des salles de torture et de viol par les troupes américaines au cours de leur avancée sur Bagdad.

La guerre en Irak a représenté un succès triomphal pour la technologie militaire et l'audace de l'Amérique. Mais elle a été avant tout le triomphe d'une idée – une idée développée par des penseurs conservateurs qui ont accédé à une position en vue au sein de l'administration Bush après les attentats du 11 septembre. Certains Européens voient Bush comme un cow-boy solitaire dispensant une version moderne de la justice expéditive du Far West. Il est en réalité le dernier en date d'une longue lignée de présidents américains qui, de Theodore Roosevelt à Ronald Reagan, se sont employé à mettre la puissance de l'Amérique au service des idéaux américains. Tombée en défaveur à la fin de la guerre froide, la conviction que ces deux éléments sont parfaitement compatibles a été arrachée à l'oubli pour devenir le pivot de la guerre de l'Amérique contre le terrorisme. La guerre en Irak a certes été menée pour la sécurité des Américains. Mais la libération de l'Irak a également été entreprise dans l'espoir que la chute de Saddam marquerait le début de plusieurs changements de régime dans les États terroristes et pourrait même donner le coup d'envoi d'une révolution démocratique libérale dans le monde arabe.

Les événements de ces prochains mois concrétiseront-ils cet ambitieux objectif ? Les différents groupes ethniques et religieux irakiens pourront-ils coopérer au sein d'un gouvernement représentatif ? Les machinations des voisins de l'Irak – la Syrie, l'Iran et l'Arabie Saoudite – parviendront-elles à déstabiliser l'Irak de l'après-guerre et à détruire l'espoir d'y voir apparaître une démocratie libérale susceptible de représenter une menace pour leurs régimes dictatoriaux ? Le nouveau gouvernement irakien pourra-t-il compter sur l'aide des autres nations occidentales, ou les pays comme la France et la Russie se rabattront-ils sur la diplomatie pour poursuivre par d'autres moyens leur guerre contre les États-Unis ? Les fractures qui se sont ouvertes entre l'Amérique et la « Vieille Europe » pourront-elles être recimentées en une alliance solide ? Les gains de la guerre contre Saddam se traduiront-ils par des négociations productives entre Israël et les Palestiniens ?

Ces questions et d'autres tout aussi importantes restent ouvertes maintenant que le brouillard de la paix s'est installé sur Bagdad. Mais la tâche immédiate est claire : l'Irak est un pays qui se méfie de l'influence étrangère et qui a pourtant désespérément besoin d'une reconstruction politique et humanitaire. L'administration Bush va devoir entreprendre la « formation d'une nation » mais avancer avec précaution sous peine de passer pour une autorité d'occupation. L'équipe Bush espère céder le contrôle politique du pays aux Irakiens le plus rapidement possible. C'est pourquoi les États-Unis mettront tout en œuvre pour empêcher les puissances européennes et les Nations unies de s'immiscer dans les rouages de la vie politique irakienne. Hélas, le refus déclaré du président Chirac de « donner aux belligérants américains et britanniques le droit d'administrer l'Irak » laisse entendre que, n'étant pas parvenus à enrayer une guerre menée par l'Amérique, certains responsables européens ne seraient que trop heureux de saborder une paix menée par l'Amérique et transformer ainsi l'Irak en une arène où viendront s'affronter divers intérêts régionaux et internationaux.

George W. Bush ne cédera pas à ces pressions. Son engagement en faveur de la démocratie dépasse l'Irak pour s'étendre à la région tout entière. Ses conseillers et lui savent très bien que si leur campagne pour transformer le Moyen-Orient commençait et finissait à Bagdad, l'Amérique aurait laissé passer une occasion historique. Il ne s'agit pas de minimiser l'importance du renversement de Saddam Hussein, exploit historique en soi. Mais beaucoup d'autres tyrans, en particulier ceux qui cherchent à se procurer des armes de destruction massive ou entretiennent des liens avec le terrorisme, devront aussi être renversés – la plupart, espérons-le, par des moyens pacifiques, mais certains, peut-être, par la force – avant que l'Amérique puisse considérer comme accomplie la mission qu'elle s'est donnée : faire du vingt et unième siècle le siècle de la démocratie.

William Kristol et Lawrence F. Kaplan,
Washington D.C., 25 avril 2003

Introduction

Après quatre décennies de guerre froide et dix ans de paix et de prospérité relatives, une nouvelle ère est sur le point de s'ouvrir. Ni les quarante années de confrontation avec l'Union soviétique ni les dix ans de soulagement qui ont suivi sa chute ne nous ont tellement préparés à ce moment. Malgré les multiples terrains sur lesquels elle s'est déroulée et les moments extrêmement dramatiques qui ont marqué son histoire, la guerre froide était pour la politique étrangère américaine un défi essentiellement statique – ainsi que l'indiquent des métaphores comme « endiguement » et « rideau de fer ». Nous pensions que ce défi existerait toujours. Et lorsque nous avons découvert dans les années quatre-vingt-dix qu'il avait disparu, nous nous sommes retirés de notre histoire en présumant que nous pouvions nous reposer sur le commerce et la mondialisation pour parvenir à la paix et à la stabilité. L'optimisme béat de l'après-guerre froide a été brisé le 11 septembre 2001. Ce jour a inauguré une ère nouvelle pour laquelle nous avons besoin d'un nouveau plan de route.

C'est une ère encore imprécise, périlleuse et fortement soumise à ces imprévus de l'histoire qui définissent les moments où une époque meurt et où une autre s'efforce de naître. Si nous, Américains, ne la façonnons pas, nul doute que d'autres le feront pour nous – d'une manière qui ne servira pas nos intérêts pas plus qu'elle ne reflétera nos idéaux. Pour l'Amérique, le moment est donc décisif. Pendant la guerre froide, nous avons fait, dans des endroits comme Berlin et la Corée, des choix dont les échos ont continué à résonner pendant plusieurs décennies. Aujourd'hui, nous devons prendre des décisions d'une importance et d'une portée similaires dans des pays comme l'Afghanistan mais aussi, et surtout, l'Irak.

Décider de la ligne de conduite à adopter est capital parce qu'il s'agit clairement de bien plus que l'Irak. Il s'agit de bien plus que l'avenir du Moyen-Orient et que la guerre contre le terrorisme. Il s'agit du rôle que les États-Unis entendent jouer dans le monde au vingt et unième siècle. Il s'agit du monde dans lequel les Américains souhaitent vivre : un monde favorable aux États-Unis et où s'appliquent des normes de conduite civilisées, ou bien un monde où les dictateurs se sentent libres de fabriquer des armes de destruction massive et n'hésitent pas à commettre des actes d'agression et à soutenir le terrorisme. C'est pourquoi les raisons qui ont motivé notre décision d'entrer en guerre contre Saddam et les leçons que nous en tirerons revêtent une importance aussi capitale que la décision elle-même. Nous pensons qu'il était essentiel de libérer l'Irak et de nous libérer, nous, des menaces que ce pays faisait peser sur nous. Mais nous pensons aussi que les principes qui ont poussé l'administration Bush dans cette voie devraient guider plus largement notre politique étrangère. C'est l'argument de ce livre.

L'Irak est le pays où les différentes conceptions américaines de la politique étrangère se sont le plus clairement manifestées au cours des dix dernières années et où elles ont été le plus visiblement mises à l'essai. Les trois présidences de l'après-guerre froide ont nourri trois visions du monde bien distinctes qui ont trouvé leur illustration dans la façon dont chacune de ces administrations a répondu au problème de l'Irak. Aujourd'hui, la menace oblige l'Amérique à préciser clairement ses objectifs pratiques et ses obligations morales dans le monde.

Guidée par une realpolitik étroite qui définissait les intérêts vitaux des États-Unis en termes de puits de pétrole, de verrous stratégiques et de stabilité régionale, la première administration Bush a mis fin à sa guerre contre Saddam après l'avoir chassé du Koweït. Abandonnant les dizaines de milliers d'Irakiens qu'elle avait encouragés à se soulever contre lui, elle a laissé le dictateur au pouvoir. Il a continué à harceler les États-Unis et à martyriser son peuple tout au long des dix années suivantes. Puis l'administration Clinton, adepte d'une forme de libéralisme illusoire héritée du Vietnam, a repoussé avec horreur l'idée d'affirmer sérieusement et durablement la puissance américaine. La première de ces deux administrations considérait l'Irak comme un simple pion sur l'échiquier diplomatique, la seconde a répondu aux provocations de Saddam par des crises de larmoiement entrecoupées de quelques tirs de missiles aussi efficaces qu'une piqûre d'épingle, ou alors elle faisait tout simplement semblant de ne pas les voir.

Jusqu'à une date récente, le bilan de la politique américaine vis-à-vis de l'Irak était constitué essentiellement d'échecs. Aujourd'hui, l'Irak peut nous offrir un modèle pour la réussite. Rompant avec les politiques de ses prédécesseurs, le président George W. Bush nous apporte une vision du monde qui reflète ce qu'il décrit comme « l'union de nos valeurs et de nos intérêts nationaux » – des valeurs et des intérêts auxquels Saddam, par sa tyrannie et son bellicisme, était une insulte. Ainsi, le président Bush ne parle pas simplement d'endiguer ou de désarmer l'Irak, comme ses prédécesseurs l'avaient fait. Il parle de libérer l'Irak et de créer une démocratie dans un pays qui depuis plusieurs dizaines d'années n'a connu que la dictature. En bref, il parle d'engager un dialogue avec l'Irak en accord avec les principes américains.

Beaucoup penseront que la tâche est difficile – mais elle n'est rien à côté de la volonté du président d'engager un dialogue avec le reste du monde en accord avec les principes américains. Dans ses discours, dans sa stratégie de sécurité nationale et dans la doctrine qui porte son nom, le président

Bush n'évoque pas uniquement la nécessité de dissuader nos adversaires potentiels de chercher à concurrencer notre puissance militaire. Il parle aussi d'exporter le credo américain « conformément à notre héritage et à nos principes », ce qui permettra de « créer un équilibre des pouvoirs favorable à la liberté humaine ». En inscrivant dans sa politique officielle l'action militaire préventive, l'objectif d'un changement de régime et une conception pleinement active et jamais timorée de la puissance américaine, l'administration Bush espère parvenir à cet heureux dénouement. Nous pensons qu'elle le peut. Au lendemain du 11 septembre, nous pensons qu'elle le doit.

Dans ce livre, nous préconisons clairement la libération de l'Irak. Nous essayons de présenter honnêtement et simplement les arguments qui militent en faveur d'une donnée nouvelle afin que tous puissent participer au débat. On trouvera au fil des chapitres une description des agissements malfaisants de Saddam ; un historique critique de la politique américaine en Irak et des différentes philosophies qui l'ont motivée ; une analyse de la Doctrine Bush ; enfin, un énoncé des raisons pour lesquelles nous devons faire de cette doctrine le fondement de la politique étrangère américaine. Ce livre rappelle comment on a laissé un dictateur sanguinaire acquérir un immense pouvoir sur la scène internationale. Il offre également un plan de route vers un avenir plein d'espoir. L'opportunité d'un changement de régime, le bien-fondé des actions en faveur de la démocratie, l'utilité de la puissance et de l'influence américaines sont autant de questions qui dépassent le cadre de l'Irak. Nous espérons donc que cet ouvrage se révélera profitable au moment où Bagdad a enfin retrouvé sa liberté.

Saddam Hussein

Tyrannie, agression et armes de destruction massive

De tous les mots qu'a employés George W. Bush durant ses deux premières années de présidence, aucun n'a provoqué plus de protestations et de quolibets que celui de « mal ». Tout comme on avait condamné Ronald Reagan pour avoir qualifié l'Union soviétique de maléfique, on a tiré à boulets rouges sur le président Bush pour avoir appliqué ce même terme aux nouveaux ennemis de l'Amérique. Mais comme l'attestent les événements du 11 septembre, le mal existe bel et bien et il a des conséquences. Par bonheur, il est possible de le terrasser. De même que l'assaut de Ronald Reagan contre « l'empire du mal » a été la clé de l'effondrement du communisme soviétique, la réponse du président Bush aux attentats odieux perpétrés le 11 septembre a fait payer un prix élevé aux terroristes qui les ont orchestrés.

En plus d'une réaction militaire de la part des États-Unis, le 11 septembre a conduit le président à identifier un « axe du mal » constitué de régimes dont la politique d'agression, les stocks d'armes mortelles et le soutien au terrorisme représentent une menace pour les États-Unis et pour le reste du monde. Le pire était l'Irak, placé sous l'autorité sanguinaire de Saddam Hussein.

Plus on en apprend sur le dictateur irakien, plus il devient clair qu'il incarnait, autant qu'Oussama Ben

Laden, le mal à l'état pur. Cet homme a imposé à son peuple un régime violent et totalitaire. Il a emprisonné, torturé, gazé, fusillé et bombardé des milliers de ses concitoyens. Il a lancé des guerres d'agression contre plusieurs de ses voisins et il a toujours cherché à dominer le Moyen-Orient. Il a consacré des ressources immenses au développement d'un arsenal de destruction massive. Il était donc à la fois tyran et agresseur et, au vu de ses objectifs déclarés, une menace pour la civilisation.

Hélas, nombreux sont ceux qui ne semblent guère s'émouvoir de ses crimes. De la part des pays européens, qui lui ont fourni une grande partie de ses stocks mortels, le cynisme était sans doute prévisible. De la part de la Chine, elle-même une dictature, l'indifférence n'est pas une surprise. De la part des pays arabes, dont les régimes s'inquiètent pour leur propre emprise sur le pouvoir, l'aversion au changement n'a rien d'étonnant. Mais même aux États-Unis, où le 11 septembre aurait dû susciter une vigilance spéciale, le danger était sous-estimé. Comme l'a montré le débat sur la guerre en Irak, de trop nombreuses personnalités et responsables élus chargés de piloter le destin de l'unique superpuissance mondiale ont perdu leur capacité à identifier le mal et à agir contre lui. Même quand ils l'avaient sous les yeux.

Le tyran dont tant de gens hésitaient à stopper les méfaits a vu le jour le 28 avril 1937 près de la ville de Tikrit. Son oncle Khayrallah Tulfah l'a rapidement pris sous son aile pour l'emmener à Bagdad, où il lui a inculqué le mélange de socialisme, de fascisme et de nationalisme panarabe qui caractérise l'idéologie baassiste. Son éducation politique achevée, Saddam, alors âgé de 22 ans, a tenté sans succès d'assassiner le premier ministre irakien de l'époque, Abdoul Karim Kassim. Après un séjour en prison, il a rejoint les forces de sécurité du parti Baas, le Jehaz Haneen, équivalent irakien des Chemises brunes d'Hitler. Lorsque le Baas s'est emparé du pouvoir en 1968, Saddam est devenu le bras droit de son cousin, le général Ahmed Hassan Bakr.

Pendant que le nouveau régime consolidait son emprise sur le pays, Saddam en faisait autant. Pareil à Staline, dont il admirait la brutalité et dont il avait soigneusement étudié les méthodes, il a entrepris de dénoncer et d'assassiner ses compagnons de longue date, qu'ils soient de gauche ou de droite. Des années de vaches maigres « l'avaient rendu bien plus impitoyable dans sa détermination à se maintenir au pouvoir et à briser tous ceux qui se mettaient sur sa route ou étaient susceptibles de s'opposer un jour à lui[1] ». En s'appuyant sur les services de sécurité, il s'est débarrassé de tous les autres successeurs possibles de Bakr. L'un d'eux, Muhyi Abd Husayn Mashadi, après avoir été torturé sur son ordre et forcé à passer aux « aveux », a été contraint de paraître devant un congrès du parti Baas pour impliquer ses « complices ». Au fur et à mesure qu'il prononçait leur nom, ils étaient emmenés hors de la salle pour être abattus pendant que Saddam restait assis sans mot dire, un cigare à la bouche.

C'est par la terreur que le tyran maintenait son emprise sur ses sujets. En 1991, durant les derniers jours de l'opération Tempête du désert, les chiites du Sud du pays se sont soulevés contre lui. Ils étaient des centaines de milliers à vivre dans cette région marécageuse. Une cassette vidéo obtenue par l'ONU montre plusieurs généraux irakiens en train de recevoir l'instruction d'« anéantir[2] » les populations locales. Le département d'État américain a plus tard mis la main sur un document de l'armée irakienne qui ordonnait aux soldats de « confisquer toute la nourriture, interdire la vente de poisson, empoisonner l'eau et brûler les villages[3] ». La même année, des attaques militaires de grande envergure ont été lancées contre les villages des marais, notamment « le bombardement systématique des zones d'habitation civiles[4] », selon un rapport établi en 1992 par l'ONU. Les forces de Saddam auraient assassiné cent mille chiites au cours de cette campagne.

Les chiites irakiens, comme le régime sunnite qui les persécutait, sont en majorité arabes. Cela explique sans doute pourquoi leurs souffrances, pour cruelles qu'elles aient été, paraissaient presque dérisoires au regard de la tragédie des Kurdes, qui n'avaient pas la chance de bénéficier de cette parenté ethnique. Dispersés entre la Turquie, l'Iran, l'Irak et la Syrie, les Kurdes constituent un groupe ethnique distinct – non arabe, dépourvu de patrie et persécuté depuis des siècles par ses différents pays d'accueil. Aucun régime ne les a traités plus sauvagement que celui de Saddam. La plupart des Kurdes irakiens vivent dans le Nord du pays, et c'est là que certains des crimes les plus horribles de la dernière partie du vingtième siècle ont été commis. La lutte des Kurdes pour leur autonomie a commencé bien avant l'arrivée de Saddam à Bagdad. Mais lorsqu'il s'est emparé du pouvoir, les tactiques employées pour étouffer leur combat se sont immédiatement faites plus violentes pour acquérir « le caractère d'une guerre d'extermination raciste[5] », selon les mots du Parti démocrate kurde. La haine de Saddam pour les Kurdes est telle qu'au moment de l'attaque d'octobre 1973 contre Israël, à laquelle l'Irak a participé, il a gardé en réserve le plus gros de ses troupes, préférant combattre les Kurdes plutôt que les juifs. Par la suite, l'armée irakienne a monté régulièrement des attaques contre les villages kurdes du Nord de l'Irak, expulsant des familles entières de leurs maisons, les forçant à renoncer officiellement à leur nationalité et faisant venir à leur place des familles arabes.

Saddam Hussein était un dictateur sanguinaire. Mais les crimes qu'il a commis contre son propre peuple justifiaient-ils que l'on prenne les armes contre lui ? Certains prétendent que aussi atroce le traitement réservé par un gouvernement à ses citoyens soit-il, les puissances extérieures n'ont pas le droit d'intervenir dans les affaires d'une nation souveraine. Aujourd'hui encore, même après l'Holocauste, Pol Pot et le Rwanda, de nombreux adeptes de la realpolitik affirment qu'un gouvernement, qu'il soit ou non « légitime » selon les critères occidentaux, devrait pouvoir agir à sa guise à l'intérieur de ses frontières. L'ancien chef de la majorité républicaine à la Chambre des représentants, Dick Armey, soutenait ce point de vue, arguant que nous devions « laisser [Saddam Hussein] tempêter, fulminer, et que cela reste une affaire entre lui et son pays. Du moment qu'il se tient tranquille à l'intérieur de ses frontières, nous ne devons pas l'attaquer ni dépenser de l'argent pour le combattre[6] ».

Admettons, l'espace d'un instant, que l'Irak soit les Pays-Bas du monde arabe: ses citoyens jouissent de droits sans précédent, ils sont libres de dire ce qu'ils pensent et d'élire leurs dirigeants. Il n'y a ni massacres, ni déportations, ni disparitions, ni coups frappés à la porte au milieu de la nuit. Même si tout cela était vrai, le régime de Saddam Hussein serait quand même l'un des plus dangereux du monde et il faudrait absolument y mettre fin – non pas pour ce qu'il fait chez lui, mais pour ce qu'il fait à l'étranger.

En droit international, le principe de la souveraineté nationale a pour corollaire l'interdiction de l'agression – l'utilisation de la force par un pays contre un autre – à moins qu'elle ne soit justifiée par la légitime défense. L'article 2 (4) de la Charte des Nations unies interdit « de recourir à la menace ou à l'emploi de la force [...], contre l'intégrité territoriale ou l'indépendance politique de tout État ». Saddam lui-même se référait régulièrement à la Charte pour se plaindre auprès de l'ONU de « l'agression » américaine et iranienne. (L'Irak est également signataire, entre autres accords internationaux, du protocole de Genève qui interdit l'utilisation des armes chimiques et de la convention de 1948 relative au génocide.) En fait, la disposition de la Charte interdisant l'agression contre un autre État a largement été observée: s'il y a eu des dizaines de conflits civils depuis la Seconde Guerre mondiale, on n'a compté qu'un petit nombre de guerres entre États. Il s'avère que Saddam est responsable de plusieurs d'entre elles. Durant les deux décennies qu'il a passées à la tête de son pays, il a commis des actes d'agression contre l'Iran, le Koweït et Israël, avec pour résultat « des pyramides de crânes[7] », selon l'expression du roi Hussein de Jordanie.

Quelques mois seulement après s'être emparé du pouvoir en 1979, Saddam a ordonné aux forces irakiennes d'envahir l'Iran. Il porte la responsabilité non seulement de cette invasion illégale, mais aussi des tactiques inhumaines employées au cours des combats et qui constituent une véritable encyclopédie de toutes les violations possibles de la convention de Genève. Bien que la guerre contre l'Iran ait été un échec catastrophique, elle a laissé à Saddam un sentiment d'invulnérabilité. Deux ans plus tard, il a envoyé ses forces à l'assaut du Koweït. Là encore, il n'a fait aucune distinction entre les soldats et les civils. Le Koweït n'est pas la seule nation à avoir été attaquée par Saddam pendant la guerre du Golfe. Il a également lancé des missiles contre l'Arabie Saoudite, Bahreïn et Israël. Comme les autres dirigeants arabes, Saddam se servait d'Israël pour détourner l'attention de ses échecs intérieurs. Mais l'idéologie baassiste sur laquelle il a fondé son autorité affirme également l'attachement à la « libération » de la Palestine et considère le conflit israélo-arabe comme « une affaire de vie ou de mort ». Saddam, quant à lui, se lançait régulièrement dans des invectives contre « les infects usurpateurs juifs[8] » et comparait Israël à « une tumeur cancéreuse qu'il faut exciser de la Palestine ».

Contrairement à d'autres dirigeants arabes, il était vraiment sérieux sur ce point. Peu après son arrivée au pouvoir, il a entrepris de construire une centrale nucléaire avec l'aide de la France. Son objectif était clair: comme il l'a déclaré en 1981, les pays étrangers « devraient aider les Arabes à obtenir [...] la bombe atomique pour faire face à Israël ». Israël n'est pas le seul pays à subir ses actes d'agression. Les États-Unis ont eux aussi été victimes d'attaques terroristes soutenues par l'Irak. Contrairement à ce que prétendent les sceptiques, les preuves d'un lien entre Saddam et Al-Qaïda ne se limitent pas aux témoignages ambigus sur les réunions qui auraient eu lieu entre leurs émissaires en République tchèque avant le 11 septembre. Les autorités américaines ont établi l'existence de contacts entre des Irakiens et des agents d'Al-Qaïda et réuni

« des preuves solides de la présence en Irak de membres d'Al-Qaïda, notamment à Bagdad[9] », d'après le directeur de la CIA George Tenet. Depuis maintenant trois ans, un groupe d'islamistes radicaux appelé Ansar el-Islam, dont le chef est soupçonné d'avoir appartenu aux services de renseignements irakiens, mène une campagne de terreur contre les dirigeants kurdes. Selon un reportage publié dans *Time*, ce groupe a été entraîné par Al-Qaïda en Afghanistan[10] et il est retourné en Irak après la bataille de Tora Bora. Les autorités américaines étaient convaincues que des centaines de cadres d'Al-Qaïda opéraient en Irak. Il est impossible que Saddam n'ait pas été au courant de leur présence. « Dans une dictature féroce et répressive qui exerce un contrôle presque total sur la population, il est très difficile de croire que le gouvernement n'est pas informé de ce qui se passe dans le pays[11] », a souligné en août dernier le secrétaire à la Défense Donald Rumsfeld.

De fait, l'ambassadeur irakien en Turquie, Farouk Hijazi, un proche de Saddam, s'est rendu en 1998 à Kandahar, en Afghanistan, où il aurait rencontré Oussama Ben Laden et l'aurait invité à se réfugier en Irak. Avant cela, lorsque Ben Laden vivait au Soudan, Saddam lui envoyait des fonds ainsi qu'au régime soudanais, partisan d'un islamisme radical. « Nous étions convaincus que de l'argent irakien parvenait à Ben Laden, qui l'envoyait ensuite à des endroits choisis[12] », a déclaré Stanley Bedlington, un analyste de la CIA qui surveillait Ben Laden au Soudan. En 1994, selon un article de *USA Today*, la CIA a obtenu des informations qui indiquaient que l'un de ces endroits était l'Algérie, où l'Irak se servait de Ben Laden pour faire parvenir de l'argent aux terroristes islamiques qui cherchaient à renverser le gouvernement de ce pays. Enfin, en octobre 2002, George Tenet a déclaré, en se fondant sur des rapports crédibles, que « l'Irak avait fourni aux membres d'Al-Qaïda un entraînement dans le domaine des poisons et des gaz et dans la fabrication des bombes conventionnelles[13] ».

Nous ne connaîtrons peut-être jamais toute l'étendue des liens troubles qui unissaient Saddam à Ben Laden, mais nous savons que Saddam était un terroriste. Ce sont ses agents, et non ceux de Ben Laden, qui ont tenté d'assassiner l'ancien président Bush en 1993. Deux ressortissants irakiens, Raad al-Asadi et Wali al-Ghazali, avaient fomenté un complot pour le tuer lors d'une visite officielle au Koweït le 14 avril. Ils ont été capturés avant de pouvoir mettre leur plan à exécution et livrés au FBI. Au cours de leur interrogatoire, ils ont avoué que des agents secrets irakiens leur avaient fourni une voiture piégée dont ils devaient se servir pour tuer l'ancien président. Les preuves se sont révélées suffisamment probantes pour que l'administration Clinton envoie en représailles des missiles sur un bâtiment des services secrets irakiens. C'est également en 1993 qu'a eu lieu le premier attentat contre le World Trade Center. Le chef du groupe terroriste, Ramzi Youssef, est arrivé à New York avec un faux passeport irakien et des papiers d'identité qui, selon certains enquêteurs, auraient été fabriqués par des agents irakiens au Koweït durant l'occupation de ce pays par les troupes de Saddam en 1990-1991. Un autre suspect, Abdoul Yasin, s'est enfui en Irak après l'attentat et s'y cacherait encore.

La preuve la plus convaincante peut-être de la participation de l'Irak au terrorisme était son empressement à accueillir des terroristes notoires. La mort du célèbre

Abou Nidal à Bagdad en août dernier rappelle que l'Irak était devenu un refuge de dernier recours pour les parias de la communauté internationale de la terreur. Comme le porte-parole de la Maison-Blanche Ari Fleischer l'a souligné à la nouvelle de ce décès: « Le fait que l'Irak soit le seul à avoir offert un abri à Abou Nidal prouve la complicité du régime irakien avec le terrorisme mondial[14]. » Une kyrielle d'organisations terroristes a aussi bénéficié de l'hospitalité de Saddam. Selon le dernier rapport en date du département d'État, l'année dernière « l'Irak a fourni des bases à plusieurs groupes terroristes, notamment le Mujahedin-e-Khalq (MEK), le Parti des travailleurs du Kurdistan (PKK), le Front de libération de la Palestine (FLP) et l'Organisation Abou Nidal (OAN) [15] ».

En 2001, le Front populaire pour la libération de la Palestine a mené des attaques terroristes contre des cibles israéliennes en Cisjordanie et dans la bande de Gaza. Le régime irakien l'a récompensé par une série de réceptions ostentatoires, notamment des réunions avec un vice-président et un premier ministre adjoint. Le Hamas a lui aussi bénéficié de la générosité de Saddam: ses membres auraient reçu une formation sur le maniement des armes et même sur les attentats-suicides à Salman Pak, le camp d'entraînement irakien[16].

Ce camp est une école pour terroristes qui propose des cours d'assassinat, de détournement, de kidnapping et de sabotage. « Nous formions ces gens à attaquer des installations importantes pour les États-Unis[17] », a déclaré au *New York Times* un transfuge irakien de haut rang. Salman Pak est connu par les journalistes occidentaux pour offrir une formation sur un authentique Boeing 707 posé en plein milieu du camp. De nombreux transfuges ont décrit comment cet appareil sert à former des terroristes – notamment des extrémistes islamiques venus des quatre coins du monde arabe – à l'art de détourner les avions de ligne. « On leur apprend même à utiliser les ustensiles de cuisine comme les fourchettes et les couteaux fournis dans l'avion[18] », a précisé un autre transfuge. « On leur apprend à semer la terreur chez les passagers par des actes de ce genre. » Ces récits ont été corroborés au cours des dernières années par plusieurs personnes dont Charles Duelfer, ancien directeur adjoint des missions d'inspection de l'ONU, qui a vu l'avion à plusieurs reprises exactement à l'endroit qu'avaient indiqué les transfuges. Space Imaging, une société qui gère des satellites commerciaux, a également photographié le Boeing le 25 avril 2000 au même endroit. Vu le penchant immodéré de Saddam pour l'agression et la terreur, rien de tout cela n'aurait dû être une surprise.

Un dictateur qui assassine ses propres concitoyens n'est peut-être pas l'affaire de l'Amérique. Un dictateur qui menace ses voisins n'est peut-être pas l'affaire de l'Amérique. Même un dictateur qui soutient le terrorisme n'est peut-être pas l'affaire de l'Amérique. Mais un dictateur qui, en plus de tout cela, non seulement possède mais utilise des armes de destruction massive, voilà qui, assurément, est l'affaire de l'Amérique. « Les prédateurs du vingt et unième siècle », a prévenu Bill Clinton sans ambages en 1998, « seront d'autant plus meurtriers que nous les laisserons accumuler des arsenaux nucléaires, chimiques et biologiques et les missiles permettant de les transporter. Il n'existe pas d'exemple plus flagrant de cette menace que l'Irak de Saddam Hussein[19]. »

C'est à peine si Saddam s'était donné la peine de dissimuler le danger qu'il représentait. Au contraire, exhiber sa puissance de destruction semblait faire partie intégrante de sa politique. Rarement, avant lui, un régime avait-il fourni aussi méticuleusement les détails de l'arsenal illégal en sa possession ; et rarement ces détails avaient-ils été documentés et portés à l'attention du public de façon aussi exhaustive, en grande partie grâce à l'UNSCOM, le programme d'inspection établi par l'ONU au lendemain de la guerre du Golfe pour recenser et détruire les armes illégalement amassées par l'Irak.

Le 18 avril 1991, dans le cadre de l'accord de cessez-le-feu de la guerre du Golfe, l'Irak a donné à l'UNSCOM des détails sur la quantité et le type de ses missiles et de ses armes biologiques et chimiques. Pourtant, tout au long des missions d'inspection menées par l'ONU sur une période de presque dix ans, les Irakiens ont déclaré systématiquement ne posséder qu'une partie du matériel nucléaire, biologique ou chimique que l'on découvrait par la suite. Le langage euphémique et bureaucratique des rapports de l'UNSCOM occulte la frustration ressentie par les inspecteurs et le harcèlement systématique dont ils ont fait l'objet dans leur recherche de la vérité. Selon des documents de l'ONU, « ces mesures de dissimulation sont prises au plus haut niveau par un petit comité regroupant des responsables de haut rang. Ce comité dirige les activités d'une unité chargée de déplacer, de cacher et de mettre en sécurité les éléments que l'on dissimule à la Commission [l'UNSCOM] [20] ».

C'était bien sûr aux Nations unies qu'incombait la responsabilité de punir les violations irakiennes. Mais tous les membres du Conseil de sécurité ne partageaient pas l'intérêt de l'Amérique pour le désarmement de l'Irak. La France et la Russie se sont montrées particulièrement peu coopératives. Toutes deux, entretenant des relations commerciales à grande échelle avec Bagdad, ont pris un malin plaisir à mettre des bâtons dans les roues des Américains. Richard Butler se souvient que lorsqu'en 1998 l'UNSCOM a présenté au Conseil de sécurité les preuves de l'obstruction irakienne, notamment des photos montrant des camions de la Garde républicaine en train d'emporter des documents, « l'ambassadeur français Alain Dejammet a émis l'hypothèse qu'ils partaient peut-être faire un pique-nique[21] ». La France et la Russie ont également sauté sur toutes les occasions d'amoindrir la force du système des inspections[22], en appuyant la recommandation de l'Irak de faire accompagner les inspecteurs par des diplomates (les leurs, vraisemblablement), en refusant d'accepter les conclusions des rapports de l'UNSCOM, en insistant pour que les inspecteurs se montrent plus « culturellement sensibles » et en allant jusqu'à condamner carrément les efforts des Américains pour punir les violations irakiennes en vertu de la Résolution 687.

En août 1998, Bagdad a annoncé qu'elle cessait toute coopération avec les inspecteurs de l'ONU. Un mois plus tard, sans le soutien de la France, de la Russie ni du secrétaire général des Nations unies Kofi Annan – lequel avait annoncé en février que Saddam était « un homme avec qui [il pouvait] traiter[23] » –, les États-Unis ont lancé l'opération Renard du désert, quatre jours de tirs de missiles contre les bâtiments de la Garde républicaine à travers l'Irak. En représailles, Saddam a refusé le retour des inspecteurs de l'ONU qu'il avait expulsés et a déclaré que le temps des inspections avait pris fin. L'UNSCOM avait cessé d'exister.

Toutefois, l'ONU a laissé la porte légèrement entrouverte. En janvier 2000 a été créée la Commission de contrôle, de vérification et d'inspection des Nations unies (COCOVINU), une sorte de version édulcorée de l'UNSCOM. Selon les termes du mandat de la COCOVINU, l'Irak n'était plus tenu d'éliminer ses armes de destruction massive pour bénéficier d'un assouplissement du régime des sanctions de l'ONU, il lui suffisait simplement de faire preuve de « coopération ». La COCOVINU était aussi conçue de manière à « être alignée sur le reste du système des Nations unies plutôt que soutenue par les grands pays occidentaux[24] » : autrement dit, l'objectif était de la rendre moins sensible à l'inquiétude des États-Unis face à l'amour de Saddam pour des armes apocalyptiques.

Sous la pression américaine, le mandat de la COCOVINU a été renforcé en novembre 2002 et Saddam, devant la menace d'une guerre, a décidé d'autoriser le retour des inspecteurs en désarmement. Mais lorsque les fonctionnaires de l'ONU ont recommencé leur travail, il est devenu évident que le dictateur reprendrait les choses là où il les avait laissées en 1998 pour jouer à ce que le transfuge irakien Khidir Hamza appelle « le même petit jeu de cache-cache[25] ». Même si les inspecteurs avaient trouvé des éléments indiquant la présence d'armes de destruction massive, cela n'aurait fait que relancer ce que l'ancien directeur adjoint de l'UNSCOM, Charles Duelfer, décrit comme « le découpage du saucisson[26] ».

La réponse américaine

Réalisme étroit (Bush I)

Comment l'Amérique a-t-elle répondu à la menace Saddam au cours des années quatre-vingt-dix ? Dans l'ensemble, elle ne l'a pas fait. Confrontées à un tyran avide de conquêtes et déterminé à acquérir des armes de destruction massive, la première administration Bush et l'administration Clinton ont opté pour un mélange d'opérations militaires avortées et de compromis diplomatiques. Plutôt que d'agir en faveur d'un changement de régime, le président Bush a mis fin à la guerre du Golfe prématurément, puis fermé les yeux pendant que Saddam massacrait les insurgés que les États-Unis avaient encouragés à se soulever. Pour sa part, l'administration Clinton s'est abstenue d'affronter le défi moral et stratégique présenté par Saddam en espérant qu'une politique d'endiguement toujours plus molle, ponctuée de quelques tirs de missiles de croisière, suffirait à le maintenir dans sa boîte.

À un certain niveau, l'explication des réponses et non-réponses américaines aux provocations irakiennes des années quatre-vingt-dix est assez simple. La décennie passée a conforté l'espérance couramment admise, mais bien trop optimiste, que la victoire de l'Amérique dans la guerre du Golfe allait conduire à l'effondrement du régime de Saddam Hussein. Cette espérance ne s'étant pas réalisée, les administrations Bush et Clinton se sont retrouvées confrontées à une série de problèmes qu'elles auraient difficilement pu prévoir et auxquelles elles ont été forcées de répondre de leur mieux. Mais ni Bush ni Clinton ne réagissaient simplement à des événements dont ils n'étaient pas eux-mêmes responsables. Leurs visions du monde ont dicté leur manière de faire face au tyran. La médiocrité des résultats souligne à quel point leurs angles d'approches respectifs étaient mauvais.

Davantage peut-être que tous les autres dangers qui ont menacé les États-Unis depuis la fin de la guerre froide, l'Irak est devenu un canevas pour les différentes conceptions américaines du monde. Parmi les vérités que notre étrange pas de deux avec Saddam a fait apparaître, il y a le fait que la politique étrangère menée par les États-Unis depuis la disparition de l'Union soviétique est loin d'être le fouillis incohérent que ses détracteurs dépeignent couramment. Au contraire, les trois présidences qui se sont succédé depuis la guerre froide ont nourri trois visions du monde relativement cohérentes, dont chacune a trouvé son illustration dans les relations entre l'Amérique et l'Irak.

La première administration Bush a apporté au Moyen-Orient une vision du monde qui l'a poussée à défendre énergiquement nos intérêts vitaux au Koweït mais lui a inspiré de la méfiance à l'égard d'un changement de régime à Bagdad et de l'indifférence au sort des victimes de Saddam en Irak. Ce réalisme étroit est issu d'une forme de realpolitik qui préconise d'ancrer la politique étrangère américaine dans l'intérêt personnel, au sens étroit du terme. Pour sa part, l'équipe Clinton est entrée en fonction armée d'une vision du monde très différente : persuadée que l'Amérique, après la guerre froide, pouvait réaliser les objectifs de sa politique étrangère par le commerce, la diplomatie et la négociation, elle a embrassé une sorte de libéralisme illusoire qui, appliqué à l'Irak, signifiait suivre docilement les Nations unies, faire un usage intermittent et frileux de la puissance américaine, fermer souvent les yeux sur les provocations de Saddam et, en fin de compte, se prêter à l'érosion du régime de sanctions et des missions d'inspection de l'ONU.

Au cours des premiers mois de l'administration actuelle, George W. Bush a semblé osciller entre les politiques de ses deux prédécesseurs, offrant un jour à l'Irak des encouragements à améliorer son comportement, le menaçant de ses foudres le lendemain. Puis il y a eu le 11 septembre. En l'espace de quelques mois, l'équipe Bush a commencé à élaborer une vision différente de celle qu'avait formée l'un ou l'autre des deux gouvernements précédents. Désormais, la nouvelle stratégie de l'Amérique allait, en un sens, conjuguer le réalisme de la première administration Bush au moralisme de Clinton, reflétant ce que George W. Bush décrit comme « l'union de nos valeurs et de nos intérêts nationaux ». Lors de sa campagne, le président avait inventé l'expression « internationalisme typiquement américain » pour sa vision du monde. Il a maintenant commencé à mettre celle-ci à exécution. Et, comme pour le réalisme étroit et le libéralisme illusoire, l'essence de « l'internationalisme typiquement américain » sera mise à l'épreuve dans la politique des États-Unis envers l'Irak.

Nous le connaissions à peine. C'est du moins l'excuse qu'ont trouvée les autorités américaines quand Saddam Hussein a pour la première fois attiré sur lui l'attention du grand public en 1990. Il y a là un petit fond de vérité, mais pas plus. Même si Saddam était présent sur la scène politique irakienne depuis 1968 et dirigeait le pays depuis 1979, le gouvernement américain n'a commencé à avoir des rapports très étroits avec lui qu'au début des années quatre-vingts. L'Irak avait en effet rompu ses relations avec les États-Unis à la suite de la guerre des Six Jours en 1967, accusant Washington d'avoir été trop favorable à Israël. Il s'était aussi imposé comme le plus proche allié arabe de l'Union soviétique. Et son rival de longue date, l'Iran, était un proche ami des États-Unis – jusqu'à la déposition du shah en 1979.

Mais tout cela a changé en 1980 avec le début de la guerre Iran-Irak. Au départ, la position de l'Amérique vis-à-vis du conflit a été celle d'une neutralité étudiée. En réalité, de nombreux hommes politiques américains ont accueilli les hostilités avec une joie à peine dissimulée. Après tout, on avait là un État satellite de l'URSS en train de faire la guerre à une théocratie islamique radicale qui tenait des Américains en otage. L'opinion couramment répandue à l'époque était illustrée par cette remarque d'Henry Kissinger : « Dommage qu'ils ne puissent pas perdre tous les deux[27]. » Mais ce point de vue a cédé la place à une orientation pro-irakienne durant les premières années de l'administration Reagan. Appliquée à l'Iran de Khomeiny, la logique du « l'ennemi de mon ennemi est mon ami » était incontestable. Et l'administration Reagan espérait détacher l'Irak de l'Union soviétique, espoir que Saddam a encouragé en desserrant ses liens avec Moscou.

En 1982, les bénéfices concrets pour l'Irak ont commencé à apparaître lorsque l'équipe Reagan l'a supprimé de la liste des États soutenant le terrorisme.

Un an plus tard, le sous-secrétaire d'État Lawrence Eagleburger a écrit au président de l'Exim Bank, William Draper, pour « attirer [son] attention sur le rôle important que l'Exim peut jouer dans l'avancement des intérêts politiques et économiques à long terme des États-Unis » en accordant un prêt à l'Irak, tandis que le vice-président George Bush ajoutait que « l'Exim Bank pourrait jouer un rôle capital dans nos activités dans la région[28] ». À la fin de l'année 1982, les États-Unis fournissaient à Saddam des centaines de millions de dollars de crédits, somme qui, en 1987, était passée à plus d'un demi-milliard de dollars par an. Et ce n'est pas tout. Une étude rédigée en 1983 par le Conseil national de sécurité et divulguée par le *New York Times* suggérait que les États-Unis « encouragent d'autres pays à armer l'Irak et à financer son effort de guerre[29] ». En 1984, Washington et Bagdad ont rétabli leurs relations diplomatiques et la liste des articles que l'Amérique exportait vers l'Irak s'est rapidement élargie pour englober une technologie et du matériel dont certains craignaient qu'ils puissent servir à fabriquer des armes de destruction massive. Ces inquiétudes sont restées sans effet sur la Maison-Blanche. Selon Bruce Jentleson, l'ordre du jour préparé en vue d'une réunion entre le vice-président Bush et l'ambassadeur irakien en 1987 évoquait des délais de livraison « capricieux » et soulignait qu'une « attention spéciale » serait accordée à la possibilité d'éliminer les retards. Parmi les produits que l'équipe Reagan a fini par envoyer à l'Irak figuraient des souches bactériennes, des composants de systèmes de missiles et des matériaux entrant dans la fabrication des explosifs.

Les relations entre Bagdad et Washington étaient loin d'être symétriques. Saddam était déjà bien connu pour sa conduite exécrable chez lui et à l'étranger, et l'influence américaine n'a rien fait pour modérer son comportement. Non pas que l'administration Reagan ait vraiment essayé. Malgré les avertissements de fonctionnaires tels que Zalmay Khalilzad et Richard Perle, qui ont prévenu que « l'Irak est un pays problématique » qui « continue à manifester le plus grand intérêt pour les armes nucléaires », les relations avec Saddam ont continué. En dépit du peu de réticence de l'Irak à accueillir Abou Abbas[30], chef du groupe terroriste responsable du détournement de l'*Achille-Lauro* en 1985 au cours duquel un Américain paralytique avait été jeté à la mer, le secrétaire d'État George Shultz a soutenu que « l'Irak s'est effectivement dissocié du terrorisme international » et l'administration a résisté aux pressions du Congrès pour réinscrire le pays sur la liste des États terroristes. Enfin, en 1987, après le lancement d'un missile irakien sur l'*USS Stark* qui avait coûté la vie à trente-sept marins américains, Reagan s'est empressé d'accepter l'explication de Saddam, selon lequel cette attaque était une erreur. L'administration était confortée dans son attitude par les arguments de divers organismes comme la Chambre de commerce américaine, qui exhortait les détracteurs de Saddam Hussein « à mettre de côté leurs émotions immédiates[31] », et les cellules de réflexion de la Maison-Blanche, dont l'un des « experts » voyait se profiler à l'horizon la possibilité d'une « perestroïka en Irak ».

Durant les deux premières années de son administration, Bush a poursuivi la politique irakienne des années Reagan, qui consistait à traiter avec Saddam plus ou moins sans condition et sans souci des conséquences. La guerre Iran-Irak ayant pris fin en août 1988, la motivation du soutien à Saddam – « l'ennemi de mon ennemi est mon ami » – aurait pu être moins impérieuse. Pourtant, l'équipe Bush a continué sur la même voie, convaincue qu'une attitude conciliante à l'égard du dictateur pourrait faire entrer l'Irak dans la « famille des nations » et que ce pays deviendrait « un État plus responsable, fonctionnant au sein du système et favorisant la stabilité dans la région[32] ». Pour cela, Bush a intensifié la fourniture de subventions et d'aides agricoles et l'exportation de technologies de pointe vers Bagdad (en passant outre les objections de son propre secrétaire au Commerce). Et quand, en 1989, le ministère de l'Agriculture, le ministère des Finances et la Réserve fédérale ont suggéré de suspendre cette aide, le secrétaire d'État James Baker, son adjoint Lawrence Eagleburger et le conseiller spécial pour la sécurité Brent Scowcroft s'y sont opposés. Sur la question des moyens de pression que les États-Unis pouvaient mettre en œuvre pour modifier le comportement de Saddam chez lui et à l'étranger, l'équipe Bush ne se faisait pas d'illusions. « Nous devons concentrer nos efforts sur une pression lente et régulière et une évaluation réaliste de nos moyens de pression », déclarait un document d'orientation de la Maison-Blanche. « Nous devons [...] être réalistes et exiger de l'Irak ce que nous exigeons de ses voisins – conformément à notre objectif qui est de le pousser à un alignement mesuré et responsable en matière de politique étrangère[33]. » En ce qui concerne les Kurdes, qui étaient, à ce moment-là, en train de se faire massacrer, le document ajoutait, en italiques pour souligner l'idée, que *« nous ne devons en aucune façon nous associer à la rébellion présente en Irak depuis soixante ans ni nous opposer aux tentatives légitimes de l'Irak pour l'écraser »*.

Afin que personne au sein de la bureaucratie ne puisse se méprendre sur l'orientation de sa politique, le président Bush a émis en octobre 1989 la directive 26 de la Sécurité nationale, qui ordonnait aux différentes branches du gouvernement fédéral d'élargir les liens politiques et économiques de l'Amérique avec Bagdad. Moins d'un mois plus tard, selon un rapport du département d'État, des membres des services secrets ont signalé que l'Irak détournait à des fins militaires des exportations américaines à double usage et se servait de sociétés écrans pour acquérir une technologie nucléaire. Cela n'a pas empêché le département d'État de Baker et le Conseil national de sécurité de Scowcroft d'obtenir pour l'Irak des garanties de prêts s'élevant à un milliard de dollars pour cette même année. Et quand, au début de l'année suivante, une émission de la *Voix de l'Amérique* a critiqué les atteintes aux droits de l'homme perpétrés par Saddam, Baker s'est confondu en excuses auprès de l'Irak, a exigé que toutes les émissions futures reçoivent l'aval du gouvernement et envoyé à l'ambassadrice américaine à Bagdad, April Glaspie, un télégramme disant : « Ce n'est en aucun cas la politique du gouvernement des États-Unis de suggérer que le gouvernement irakien est illégitime ou que le peuple de l'Irak devrait se révolter contre lui[34]. »

Glaspie a immédiatement écrit au ministre irakien des Affaires étrangères pour affirmer que « le président Bush veut de bonnes relations avec l'Irak, des relations bâties sur la confiance afin que nous puissions discuter franchement et fructueusement d'un large éventail de questions. Je suis désolée que le gouvernement irakien ne m'ait pas informée plus tôt de ses préoccupations au sujet de cette émission, ce qui m'aurait permis de vous offrir sans retard l'assurance officielle de nos regrets ». Une délégation du Sénat, qui comprenait les leaders républicains Robert Dole et Alan Simpson, a renforcé ce message lors d'un voyage à Bagdad un mois plus tard. « Je pense que votre problème vient des médias occidentaux et non du gouvernement américain », a déclaré servilement Simpson. « Les journalistes sont gâtés et prétentieux, [...] ils ne veulent pas voir quoi que ce soit réussir ou atteindre ses objectifs. Je vous conseille de permettre à ces salopards de venir ici pour voir les choses par eux-mêmes[35]. » Ayant vu les choses par lui-même, Simpson est retourné à Washington où, s'alignant sur l'administration, il s'est opposé aux projets de loi sanctionnant l'Irak pour les violations des droits de l'homme commises par Saddam.

Jusqu'à la veille de la guerre du Golfe, l'équipe Bush a continué d'essayer de travailler avec Saddam. Ni ses menaces de mettre Israël à feu et à sang, ni son attitude belliqueuse vis-à-vis du Koweït, ni même sa rhétorique antiaméricaine de plus en plus véhémente n'ont ébranlé les espoirs que Bush avait mis en lui. Au contraire : en réponse aux mouvements des troupes irakiennes le long de la frontière avec le Koweït, le département d'État a envoyé l'ambassadeur Glaspie amadouer Saddam. Lors d'une réunion le 25 juillet 1990, celui-ci a prédit à Glaspie que l'Amérique ne s'opposerait pas à ses projets parce que « votre société est une société qui ne peut pas accepter dix mille morts en une seule bataille ». Glaspie a répondu : « Nous n'avons aucune opinion sur les conflits interarabes tels que votre différend frontalier avec le Koweït. [...] James Baker a demandé à notre porte-parole officiel de mettre l'accent là-dessus. »

À Washington, même les fonctionnaires du département d'État ont été atterrés par la tirade de Saddam. L'administration a donc fait une nouvelle tentative. Mais la mission a été confiée au département d'État et au Conseil national de sécurité, dont les membres misaient toujours sur le dictateur, et en premier lieu Richard Haass, conseiller spécial chargé du Moyen-Orient. En dépit du fait que les troupes irakiennes continuaient à s'amasser à la frontière koweïtienne, Haass, selon Michael Gordon et Bernard Trainor, « a vu le message présidentiel comme une occasion de saluer la réduction des tensions et de réaffirmer la politique de modération[36] ». Ce qu'il a fait en participant à la rédaction d'un message que Bush a envoyé à Saddam le 28 juillet : « Laissez-moi vous assurer, comme mon ambassadeur le sénateur Dole et d'autres l'ont fait, que mon administration continue à souhaiter de meilleures relations avec l'Irak. Nous continuerons aussi à soutenir nos autres amis dans la région, avec lesquels nous entretenons des liens de longue date. Nous ne voyons aucune contradiction essentielle entre ces deux objectifs[37]. » La réponse de Saddam est venue quatre jours plus tard quand il a envahi le Koweït.

Peu après l'invasion, la déclaration de Bush selon laquelle l'agression de Saddam « ne sera pas tolérée » a rassemblé derrière une nouvelle politique toute son équipe. Ou presque. Le chef d'état-major des armées Colin Powell, considérant que la déclaration du président était prématurée, s'est plaint de n'avoir pas été consulté au préalable. Après la guerre, Lawrence Eagleburger a confirmé : « Je sais de sources personnelles que s'il n'avait tenu qu'à Colin, nous ne serions pas entrés en guerre contre l'Irak. C'est le président Bush et Brent Scowcroft qui l'y ont poussé[38]. » Il semble que cela ait été vrai dès le début. Powell s'est tout d'abord opposé à une démonstration de force par la marine pour prévenir l'invasion qui menaçait. Lorsque celle-ci a eu lieu, il s'est prononcé fermement contre toute tentative pour la repousser. « Le peuple américain ne veut pas voir ses jeunes gens mourir pour du pétrole à quarante *cents* le litre[39] », a-t-il déclaré lors de débats internes. « Rien ne justifie que des vies soient perdues pour le Koweït. » Évoquant les arguments de Powell et d'autres, Scowcroft se rappelle qu'il a été « franchement consterné par la connotation des discussions, qui suggéraient de se résigner à l'invasion et même de se plier à un fait accompli ».

Malgré la réticence du chef d'état-major des armées à entrer en guerre contre l'Irak, le président est intervenu pour restaurer la souveraineté du Koweït. Les objectifs de la guerre étaient axés sur l'expulsion de Saddam hors du Koweït, et Powell, en particulier, était bien décidé à ne pas sortir de ce cadre. Le lendemain du lancement de l'offensive terrestre, il demandait déjà qu'on y mette fin. Après seulement quatre jours de combats, alors que les unités américaines n'avaient pas encore encerclé les forces irakiennes, Powell a convaincu le président Bush de stopper les opérations au sol en annonçant que « les formations tant vantées de la Garde républicaine n'existent plus[40] ». Il se trompait. Leur voie de retraite libre, trois divisions largement intactes ont pu rejoindre l'Irak, où certaines ont entrepris de massacrer les civils irakiens qui s'étaient révoltés, encouragés par les États-Unis. À la Maison-Blanche, le secrétaire d'État Baker s'est lui aussi prononcé en faveur d'une interruption de l'avancée américaine. « Nous avons fait le travail. Nous pouvons nous arrêter. Nous avons rempli nos objectifs. Nous les avons fait partir du Koweït[41]. »

Au sol, la situation paraissait un peu différente. Le général Norman Schwarzkopf a recommandé de poursuivre l'assaut en déclarant qu'il avait besoin d'au moins un jour de plus pour détruire les unités armées qui, plus tard, allaient être tournées contre les Kurdes et les chiites. Pourtant, Bush a donné raison à Powell et à Baker et, au bout de cent heures de combats seulement, il a mis fin aux opérations terrestres.

En fait, la décision de mettre un terme à la guerre une fois les forces irakiennes repoussées hors du Koweït avait été prise deux mois auparavant. Selon Brent Scowcroft, lors d'une réunion en décembre 1990 à la Maison-Blanche, l'administration Bush avait décidé de ne pas chercher à éliminer Saddam. Comme il le relate dans les Mémoires qu'il a cosignées avec l'ancien président : « Nous nous engagerions, tout seuls, à éliminer un régime pour en installer un autre et, si les Irakiens eux-mêmes ne prenaient pas les choses en main, nous risquerions [...] d'être confrontés à quelque douteuse "formation de nation"[42]. » Il y avait aussi la peur que le renversement de Saddam puisse aboutir à l'éclatement de l'Irak, issue décrite par le secrétaire d'État Baker comme la « libanisation de l'Irak ». Se faisant l'écho de Baker, Powell a écrit dans ses propres Mémoires que

« voir l'Irak fragmenté entre des entités politiques sunnites, chiites et kurdes séparées n'aurait pas contribué à la stabilité que nous voulions au Moyen-Orient[43] », ajoutant même que « notre intention pratique était de laisser à Bagdad suffisamment de pouvoir pour qu'elle continue à représenter une menace pour un Iran qui restait violemment hostile aux États-Unis[44] ». Ce que l'équipe Bush voulait, en bref, c'était la « stabilité » irakienne, même si cela passait par le maintien de Saddam au pouvoir.

Dans les marécages du Sud de l'Irak et dans les montagnes du Nord, le coût humain de la realpolitik étroite de Bush est rapidement apparu. S'appuyant sur les divisions de la Garde républicaine qui s'étaient échappées du Koweït et sur ses hélicoptères de combat que l'équipe Bush avait, on ne sait pourquoi, exemptés de l'interdiction de vol, Saddam s'est mis à massacrer des milliers de Kurdes et de chiites. « J'aurais franchement souhaité que [le soulèvement] n'ait pas eu lieu », a déclaré plus tard Scowcroft. « J'envisageais le gouvernement en place après la guerre comme un gouvernement militaire[45]. » Pour sa part, Bush a prétendu que « pour des raisons très pratiques, il n'y a jamais eu la promesse d'aider un soulèvement », alors qu'il avait ouvertement et de façon répétée encouragé une révolte en exhortant « le peuple irakien à prendre les choses en main et à forcer le dictateur Saddam Hussein à se retirer[46] ». Lorsque les Irakiens ont justement essayé de le faire, les États-Unis n'ont rien fait pour empêcher la répression sanglante qui s'est abattue sur eux, parfois au vu et au su des unités blindées américaines.

Dans ses Mémoires, Powell tourne en dérision l'idée que « si Saddam était tombé, il aurait nécessairement été remplacé par un jeffersonien dans une sorte de démocratie au milieu du désert dont les habitants auraient lu à la fois les *Federalist Papers* et le Coran[47] ». Mais la question n'est pas de savoir si les rebelles irakiens s'intéressaient aux *Federalist Papers*. Il s'agissait simplement de rester aux côtés de ceux que nous avions encouragés à renverser le régime de Saddam Hussein. Au bout du compte, l'attachement de l'administration Bush à la « stabilité » a supplanté tout désir de venir en aide aux Irakiens qui s'étaient rebellés contre leur dictateur avec l'encouragement des Américains et au nom des principes américains.

Cet ensemble d'idées que nous appelons réalisme étroit et qui a structuré les décisions (et les échecs) de l'équipe Bush en Irak et ailleurs a créé des précédents qui ont gêné la présidence suivante et celle d'après. Pour être juste, il faut reconnaître que la politique de Bush envers l'Irak reflétait un fort courant de pensée dans les milieux politiques américains. Ce courant se donnait avec fierté le nom de « realpolitik » ou de « réalisme ». Bien que se présentant ostensiblement comme une méthode d'analyse hostile à l'idéologie, il était devenu, au moment de l'arrivée de Bush à la présidence, une idéologie à part entière qui préconisait d'ancrer la politique étrangère dans les seuls intérêts vitaux et non dans les idéaux ou les principes abstraits. Un précepte que Bush a suivi avec la Chine, l'Union soviétique, la Yougoslavie et, bien sûr, l'Irak. Cette vision du monde a toujours la faveur d'une grande partie du monde de la politique étrangère, qui continue à se défier d'une présence américaine trop moraliste sur la scène internationale. Plongés dans leurs planisphères et leurs documents d'orientation, ces réalistes étroits ne se lassent jamais de mettre les autorités en garde contre les dangers d'une politique étrangère fondée sur ce qu'ils taxent par dérision de « moralisme » plutôt que sur des intérêts concrets.

À première vue, ce rejet des principes pourrait sembler contraire au tempérament américain. Pour leur défense, les adeptes du réalisme font remonter ses racines dans notre pays aux premiers hommes d'État américains comme John Quincy Adams, qui a dit dans une phrase célèbre que l'Amérique « ne va pas à l'étranger en quête de monstres à détruire. Elle souhaite la liberté et l'indépendance de tous. Elle ne défend que les siens[48] ». Pourtant, la forme de réalisme popularisée aux États-Unis après la Seconde Guerre mondiale et toujours en vogue aujourd'hui doit moins à nos Pères Fondateurs qu'à la realpolitik mise en œuvre par des hommes d'État européens du dix-neuvième siècle comme Bismarck et Metternich, puis développée par leurs héritiers intellectuels en Europe et en Amérique au vingtième siècle.

Se prononçant contre le courant « moraliste » de la politique étrangère américaine, ces penseurs ont prôné une politique fondée sur ce que le père du réalisme académique, Hans Morgenthau, a décrit comme « les intérêts définis en termes de pouvoir ». Morgenthau a condamné les tentatives d'une nation pour appliquer ses principes aux autres pays comme constituant en soi une preuve d'« immoralité », qui trouve son illustration parfaite « dans le phénomène contemporain de la croisade morale[49] ». Au contraire, affirment les réalistes, l'acceptation prosaïque d'un équilibre des pouvoirs entre les États tel qu'il en existait dans l'Europe du dix-neuvième siècle est plus susceptible de freiner les pulsions belliqueuses des nations qu'une tentative pour améliorer le monde. Cet argument a conduit à son tour à la recommandation centrale des réalistes : un État doit se limiter à la protection de ses « intérêts vitaux » pour ne pas perturber l'équilibre des pouvoirs.

Cette obsession des réalistes pour les « intérêts vitaux » n'a jamais vraiment cadré avec la définition par l'Amérique de ses intérêts nationaux, qui, même à l'époque des Pères Fondateurs, recouvraient bien plus que des considérations purement matérielles ou géographiques. « Le rejet de l'Europe est la principale excuse de l'Amérique pour exister », a écrit un jour le romancier John Dos Passos. Toutefois, rejeter l'Europe est exactement le contraire de ce que cherchaient les réalistes. Ils sont donc restés aveugles à la séduction et à la force particulières des idéaux américains par rapport, disons, aux idéaux soviétiques. Cet état de choses est devenu particulièrement évident au cours de la présidence Nixon, quand Henry Kissinger s'est prononcé contre « l'illusion des solutions simples » au sujet du problème du communisme soviétique. Kissinger cherchait au contraire à maintenir l'équilibre des pouvoirs et à assurer une « détente » entre Washington et Moscou. C'est pourquoi il s'est opposé aux actions pour améliorer les droits de l'homme et les libertés politiques en Union soviétique et s'est démené pendant des années pour convaincre les Américains de la futilité des tentatives pour « transformer le système soviétique par la pression ». Mais si les États-Unis ont peut-être tenu compte des remontrances de Kissinger sur la nécessité de « se modérer dans l'usage du pouvoir et de ne pas essayer d'exploiter l'instabilité ou les conflits locaux[50] », cela n'a pas été le cas de l'URSS, comme Kissinger lui-même le concède aujourd'hui. Et les avancées idéologiques et géographiques constantes des Soviétiques ont été l'une des raisons pour lesquelles le réalisme étroit a été largement critiqué lors de la campagne présidentielle de 1976.

À gauche, la démarche de Kissinger a été condamnée par Jimmy Carter, un libéral de l'époque du Vietnam qui trouvait la politique de coercition tellement répugnante qu'il s'effarouchait à l'idée de promouvoir quoi que ce soit qui puisse ressembler à un intérêt national. À droite, le réalisme a été rejeté en 1976 par le candidat Ronald Reagan, un anticommuniste farouche qui ne voyait aucune contradiction entre l'affirmation de la puissance américaine et les idéaux américains.

D'abord la philosophie de Carter, puis celle de Reagan, ont dominé les douze années suivantes. Mais avec la fin de la guerre froide, qui a coïncidé avec l'arrivée au pouvoir de la première administration Bush, le réalisme étroit a refait surface. Les membres de l'équipe Bush, selon la plume approbatrice de David Halberstam, voyaient la guerre froide comme « un conflit continu entre deux superpuissances », contrairement à l'équipe Reagan, pour qui elle était « un choc entre le bien et le mal ». Face aux changements qui agitaient le monde, Bush, dont le dédain pour les « croisades morales » reflétait une conception de la politique étrangère qui le rapprochait davantage de Gerald Ford que de Ronald Reagan, a privilégié le maintien de la « stabilité ». Mais l'URSS n'existait plus et en l'absence d'une superpuissance rivale, la « stabilité » en est venue à prendre une signification très différente de celle qu'elle avait eue dans un monde bipolaire où elle impliquait, au minimum, la volonté de contenir l'Union soviétique.

Parfois, le désir de stabilité de l'équipe Bush l'a même conduite à envisager de soutenir des régimes dont on aurait pu supposer que les Américains applaudiraient la disparition. « En réalité, la réunification allemande ne me semblait pas si souhaitable », se souvient le conseiller spécial de Bush pour la sécurité, Brent Scowcroft. « Tant que la situation était stable, pourquoi n'y aurait-il pas deux Allemagnes au lieu d'une ? Le processus même de la réunification pouvait se révéler déstabilisant, voire entraîner un conflit[51]. » Cette préférence pour l'ordre au détriment de la liberté s'est étendue à la Hongrie, à la Tchécoslovaquie et à la Pologne, dont Bush trouvait le dictateur Wojciech Jaruzelski « charmant ». Elle s'est même étendue à l'Union soviétique, où l'équipe Bush a appuyé le leader communiste Mikhaïl Gorbatchev par méfiance envers le mouvement d'opposition mené par Boris Eltsine. En fait, d'après Scowcroft, « voir Eltsine défaire l'édifice de l'Union soviétique brique après brique [...] fut un spectacle particulièrement pénible[52] ». Cette préoccupation pour le bien-être de l'Union soviétique a poussé Bush, en 1991, à prévenir le peuple ukrainien, dans ce qui allait bientôt être baptisé le « discours du trouillard de Kiev », que l'Amérique ne soutiendrait pas « ceux qui aspirent à devenir indépendants dans le seul but de remplacer une tyrannie lointaine par un despotisme local[53] ». Cela n'a pas empêché l'URSS d'éclater.

Ce n'est pas la seule occasion où le dédain « réaliste » de Bush pour « l'idéal » a été clairement et douloureusement manifeste. En Chine, il a réagi aux manifestations pro-démocratiques et au massacre de Tiananmen en excusant le régime communiste de Beijing. Comme il l'a confié à son journal un mois après Tiananmen : « Je ne vois pas vraiment ce que je voudrais que la Chine fasse pour améliorer le problème de nos relations tendues[54]. » Le « problème », du point de vue de l'équipe Bush, était le nôtre. D'où l'envoi de Scowcroft et du sous-secrétaire d'État Eagleburger en mission secrète à Beijing en juillet 1989 pour se rabibocher avec les Chinois, mission suivie d'un autre voyage où les deux hommes et leurs hôtes se sont mutuellement portés des toasts. Bush a ensuite mis son veto à une loi qui permettait aux étudiants chinois de prolonger leur séjour aux États-Unis, s'est efforcé de faire suspendre les sanctions et a fait d'autres gestes de conciliation en direction de Beijing.

En Yougoslavie, où Slobodan Milosevic avait entamé une politique de nettoyage ethnique, la réponse de l'équipe américaine a été à peu près la même. Pour justifier son inaction, Bush a comparé la guerre dans les Balkans à un « hoquet ». Ou, comme le dit David Gompert, un fonctionnaire américain qui travaillait alors en Bosnie : « Venant après la guerre du Golfe, un rôle moteur en Yougoslavie aurait sous-entendu que l'Amérique était capable et désireuse de faire office de gendarme du monde[55]. » Chose que l'administration Bush avait juré de ne pas faire. C'est pourquoi le secrétaire d'État James Baker, qui avait passé des mois à faire des allers-retours pour relancer le « processus de paix » au Moyen-Orient, est resté exactement une journée à Belgrade pour essayer d'empêcher la catastrophe qui se profilait. « Milosevic avait l'appétit de Saddam », se souvient Baker dans ses Mémoires, « mais la Serbie n'avait pas les capacités de l'Irak ». L'Amérique a donc fermé les yeux sur son agression et s'est déclarée attachée à « l'intégrité territoriale » de la Yougoslavie. Peu importait qu'il s'agisse de « l'intégrité territoriale » d'un État qui n'existait plus; « nous n'avons pas de chien dans ce combat[56] », a précisé Baker.

Mais c'est en Irak que la philosophie de Bush en matière de politique étrangère s'est manifestée plus clairement et à un coût moral plus élevé que nulle part ailleurs. Aujourd'hui, les membres de son équipe continuent à défendre leur stratégie « réaliste » vis-à-vis de Saddam. Mais qu'y avait-il exactement de réaliste dans la décision de dorloter un dictateur sanguinaire durant les semaines, les mois et les années qui ont précédé son invasion du Koweït ? Et après la guerre du Golfe, qu'y avait-il de réaliste dans la préférence pour un Irak stable sous la botte de Saddam Hussein plutôt que pour une autre solution, non tyrannique celle-là ? D'après la vision du monde de l'équipe Bush, ces décisions étaient parfaitement sensées. « La libanisation de l'Irak », « une formation de nation », « une sorte de démocratie au milieu du désert dont les habitants auraient lu à la fois les *Federalist Papers* et le Coran », autant de perspectives qui justifiaient l'interruption prématurée de la guerre du Golfe et l'indifférence face au massacre de milliers d'Irakiens. Douze ans plus tard, alors que Saddam menaçait la région et le monde avec ses armes de destruction massive, nous continuions à subir les conséquences de ce « réalisme ».

La réponse américaine

Libéralisme illusoire (Clinton)

Assez curieusement, vu ce qui allait bientôt suivre, le candidat Bill Clinton a critiqué l'équipe Bush pour n'avoir « pas su tirer les leçons de sa complaisance à l'égard de Saddam Hussein » et pour avoir « laissé tomber les Kurdes et les chiites[57] ». Lui, en revanche, se refuserait à « forger des relations stratégiques avec des régimes dangereux et despotiques ». Une fois au pouvoir, son administration a pris l'engagement de « contenir » le dictateur irakien par la vigilante application des sanctions de l'ONU et l'octroi d'une aide incessante aux opposants irakiens. En août 1993, le vice-président Al Gore a écrit au Congrès national irakien pour l'assurer de « l'attachement sans faille » de l'Amérique à « [son] combat » et promettre que l'équipe Clinton « ne [lui] tournera pas le dos[58] ». Elle ne tournerait pas le dos, a précisé Martin Indyk, chargé du Moyen-Orient au Conseil national de sécurité, parce que « notre objectif est mûrement réfléchi : il s'agit d'établir clairement et sans équivoque que le régime actuellement en place en Irak est un régime criminel, inacceptable pour la communauté internationale et, de notre point de vue, irrécupérable[59] ».

L'équipe Clinton a donné suite à cet objectif en fournissant à l'opposition irakienne des millions de dollars, en lui offrant l'assistance de la CIA, en organisant des réunions avec le vice-président Gore, le secrétaire d'État

Warren Christopher et le conseiller spécial pour la sécurité Anthony Lake, et en lui promettant une aide encore plus importante à l'avenir. Encouragées par ces assurances, les forces d'opposition irakiennes ont lancé une offensive au printemps 1995 et mis en déroute deux des divisions d'élite de Saddam. Cependant, craignant que cet assaut n'implique les États-Unis dans une confrontation majeure avec l'Irak, la Maison-Blanche a brusquement ordonné à la CIA de retirer son soutien aux rebelles et a directement prévenu les dirigeants kurdes que « les États-Unis ne soutiendront pas cette opération, ni militairement ni de tout autre façon[60] ». Interviewés dans les journaux, les membres de l'équipe Clinton ont présenté cette trahison comme une décision motivée par l'ineptie de la force d'opposition, l'un d'eux déclarant que « ces types sont une bande d'incapables qui ne pourraient même pas faire un hold-up dans une supérette[61] », un autre renchérissant: « Ils ne sont pour Saddam que des moustiques et rien de plus sérieux[62]. » En 1996, la volte-face de l'administration a eu pour résultat l'invasion par Saddam de la « zone de sécurité » kurde établie dans le Nord du pays et que les États-Unis avaient juré de sauvegarder. Loin de protéger les habitants, les fonctionnaires américains ont fui l'offensive en laissant derrière eux les leaders kurdes avec lesquels ils travaillaient et dont au moins une centaine a été exécutée sur-le-champ. Pendant ce temps, le secrétaire à la Défense William Perry expliquait: « notre intérêt pour les Kurdes n'est pas un intérêt vital pour la sécurité nationale[63] ».

Le problème de la politique américaine envers l'Irak venait en partie d'une ambivalence sur l'emploi de la force comme moyen d'action. Pour les membres de l'équipe Clinton, la valeur de la puissance américaine semblait simplement résider dans sa capacité à influencer Saddam et à l'inciter à revenir sur ses erreurs. On a ainsi vu réapparaître des termes comme « signaux » et « messages » que l'on présumait, après le Vietnam, bannis à tout jamais du vocabulaire militaire. « Nos missiles ont envoyé le message suivant à Saddam Hussein : quand on maltraite son propre peuple ou qu'on menace ses voisins, on doit en payer le prix[64] », a déclaré Clinton en 1996 en annonçant une frappe en représailles à l'agression de Saddam dans le Nord de l'Irak. Les missiles allaient donc informer Saddam que ses agissements étaient inacceptables et lui feraient comprendre, toujours selon Clinton, « que les actes irréfléchis ont des conséquences ». En cela, la frappe ressemblait comme une sœur au tir de missiles décidé par Clinton en 1993 contre un bâtiment des services secrets à Bagdad en réponse à la tentative d'assassinat contre l'ancien président Bush. Cette attaque, selon l'ambassadeur auprès des Nations unies Madeleine Albright, était « un message destiné à l'Irak [...]. Un message sur le terrorisme et sur le fait que nous ne le tolérerons pas[65] ». Mais, ainsi que le vice-président Al Gore s'était empressé d'ajouter, « elle n'avait pas pour but de faire tomber le régime de Saddam Hussein[66] ».

Le brusque enthousiasme de Clinton pour les frappes à l'aide de missiles tirés à distance de sécurité ne manquait pas de piquant. Après tout, les membres de son Conseil national de sécurité avaient pris leurs fonctions persuadés des mérites du « multilatéralisme dynamique », doctrine fondée sur l'utilisation de la puissance américaine de concert avec la communauté internationale et au nom de celle-ci. Mais le fiasco qui avait abouti à la mort de soldats américains en Somalie, où Clinton avait mis ses troupes à la disposition de l'ONU, avait ruiné l'attrait de cette théorie. Pire encore, le président s'était publiquement exposé au ridicule, d'abord pour avoir envoyé ses soldats en Somalie, ensuite pour les avoir précipitamment rappelés. Par la suite, la Maison-Blanche s'était repliée sur une autre conception libérale de l'usage de la force: une doctrine qui autorisait des mesures militaires énergiques mais uniquement contre des objets inanimés.

Avec les piqûres d'épingle de ses frappes, l'administration Clinton a incité les Américains à s'imaginer que les États-Unis n'avaient pas besoin d'une grande stratégie pour régler le problème de l'Irak et que leurs prouesses militaires rendaient superflue toute réflexion sérieuse sur les buts recherchés et la conduite à tenir. C'est pourquoi, lorsqu'elle a ordonné le bombardement des batteries antiaériennes éparpillées dans le désert au sud de Bagdad en réaction à l'attaque des troupes de Saddam contre la ville d'Irbil dans le Nord du pays, en 1996, l'équipe Clinton ne se comportait pas le moins du monde illogiquement. À peine les missiles avaient-ils frappé leurs cibles qu'elle a entrepris de présenter l'opération comme une réussite éclatante. « Notre mission a été remplie », a déclaré Clinton vingt-quatre heures après la première frappe en citant à l'appui de ses dires des rapports selon lesquels « il y a eu un retrait des troupes, une dispersion des troupes ». Et ce ne sont pas les bouleversements stratégiques que cela a provoqué dans le Nord de l'Irak ni le fait que l'on ait évité de justesse un éclatement de la coalition alliée qui l'ont incité à revenir sur sa déclaration. En fait, cette disparité entre les affirmations et la réalité a caractérisé la quasi-totalité des attaques contre l'Irak. Ainsi, alors que la frappe de 1993 n'avait détruit qu'une partie d'un bâtiment en tuant du même coup l'équipe de gardiennage, l'administration avait déclaré qu'elle était « un coup terrible pour la capacité de l'Irak à planifier et à conduire des opérations [terroristes] à l'avenir[67] », selon les mots du vice-président Al Gore. Si faire des trous dans un bâtiment était considéré comme « un coup terrible », il s'agissait aussi d'une opération peu coûteuse, ayant eu lieu après les heures de bureau, ce qui avait non seulement évité des pertes américaines mais aussi permis de « minimiser les pertes en vies [irakiennes] », comme le secrétaire d'État Warren Christopher s'était hâté de le souligner. Ces frappes n'ont cependant pas modifié le moins du monde le comportement de Saddam. Bien au contraire: elles lui ont montré qu'il jouissait d'une marge de manœuvre plus large que ne le laissait entendre la rhétorique américaine.

C'était bien cela le « message » envoyé à Saddam, ainsi que le second mandat de Clinton l'a montré très clairement. Pour la forme, l'administration acceptait l'objectif d'un changement de régime en Irak. Plusieurs fois en 1997 et 1998, en réponse au mépris de Saddam pour les inspecteurs de l'ONU, la Maison-Blanche a ordonné un déploiement ostentatoire des troupes américaines dans le Golfe, accompagné de rumeurs sur les va-et-vient menaçants de ses porte-avions et les mouvements de ses avions de guerre. Le temps passant, elle mettait au point une excuse pour renoncer à l'action militaire concrète que ce déploiement semblait laisser présager. Puis le processus recommençait depuis le début. Au début de l'année 1998, une confrontation avec Saddam a montré l'étendue de la confusion de l'équipe Clinton. Fin 1997, Saddam ayant refusé de se soumettre à toute nouvelle inspection, Clinton a juré que si le recours à la force était nécessaire, les États-Unis « élimineraient » la capacité de l'Irak à produire des armes de destruction massive. Pourtant, alors même que les troupes américaines étaient en train de se déployer, l'administration est restée fidèle à elle-même. Pour assurer l'élimination du programme d'armement de Saddam, Clinton allait-il faire intervenir ses forces terrestres ? Absolument pas. L'aviation pouvait-elle détruire les armes de Saddam ? Pas vraiment, étant donné qu'il avait caché et enterré une grande partie de son arsenal. La Maison-Blanche s'est donc contentée d'une campagne « chirurgicale » de quatre ou cinq jours seulement, qui, au maximum, allait « diminuer » les capacités irakiennes.

Ainsi que les fonctionnaires de l'administration Clinton l'ont rappelé à maintes reprises au public (et à Saddam), tout emploi de la puissance militaire devait viser à minimiser les pertes en vies humaines (que ce soit de notre côté ou du leur), à éviter les dégâts collatéraux, à prévenir le risque de s'enliser dans un « bourbier », à contourner les ambiguïtés morales et à parvenir à l'effet souhaité par la persuasion et non par la force massive. Aussi a-t-il été précisé qu'il ne fallait pas confondre une telle attaque avec une entrée en guerre, concept vieillot et obsolète. « Nous parlons d'employer la force militaire, mais nous ne parlons pas d'une guerre[68] », a fait remarquer le secrétaire d'État Madeleine Albright. « C'est une distinction importante. » Mais l'insistance de l'administration à opérer ce genre de distinctions, ajoutée à l'allongement incessant de la liste des critères à remplir avant de pouvoir utiliser la force, a fatalement affaibli sa position. Une fois les rodomontades terminées, Albright s'est envolée pour New York afin de rencontrer Kofi

Annan et de conclure avec lui un marché qui permettrait aux États-Unis de faire machine arrière.

Enfin, en décembre 1998, lorsque les manipulations de Saddam sont devenues trop insupportables, l'équipe Clinton a répondu par une autre série de frappes aériennes[69]. Sévèrement limitée dans ses objectifs, sa portée, sa durée et ses effets, cette campagne de quelques jours n'a strictement rien produit – sinon l'effondrement des missions d'inspection. Mieux encore, le dictateur irakien en est ressorti plus fort qu'avant. Avec pour résultat qu'au cours de la dernière année de Clinton à la présidence, l'Irak a exporté plus de pétrole que tous les autres pays à l'exception de l'Arabie Saoudite, tiré de ses ventes plus de revenus qu'avant l'embargo et mis cet argent à profit pour reconstituer son arsenal.

Pour ce qui est des opposants à Saddam, le général des Marines Anthony Zinni, commandant des forces armées américaines au Moyen-Orient, s'est lancé, avec l'accord de l'administration, dans une campagne de relations publiques contre eux en soutenant dans des discours et des interviews que « un Irak faible, fragmenté, chaotique, [...] est plus dangereux à long terme qu'un Saddam contenu ne l'est actuellement ». Pour sa part, le conseiller de Clinton pour la sécurité, Sandy Berger, a publiquement comparé les plans pour renverser Saddam à une autre baie des Cochons, et la Maison-Blanche n'a débloqué qu'une minuscule partie des fonds alloués par le Congrès au soutien de l'opposition. À la place, le département d'État a financé des besoins aussi pressants qu'un programme de gestion des conflits pour les opposants à Saddam mis sur pied par Roger Fisher, auteur de *Comment réussir une négociation*.

En fait, les fonctionnaires qui étaient chargés de soutenir les opposants irakiens les dénigraient régulièrement. Berger a fait entrer au Conseil national de sécurité l'ancien analyste de la CIA Kenneth Pollack après avoir lu un article dans lequel celui-ci affirmait que faire reculer Saddam Hussein était un « fantasme ». Selon le *Washington Post*, Pollack avait rédigé avant l'opération Tempête du désert des rapports qui « prévoyaient une résistance acharnée et efficace des Irakiens[70] ». Une fois arrivé au sein de l'administration Clinton, il a, de ses propres dires, « cessé d'essayer de convaincre quiconque que le [Congrès national irakien] méritait d'être soutenu[71] ». Dans le même esprit, Frank Ricciardone, coordinateur du département d'État chargé d'appliquer la loi relative à la libération de l'Irak, a déclaré que les États-Unis ne fourniraient pas d'armes à l'opposition irakienne « avant [d'être sûrs] qu'elle représente des combattants qui sont prêts à mourir[72] » pour un changement de régime.

Entre-temps, en 2000, l'aéroport international Saddam de Bagdad a commencé à dégorger un flot continu de politiciens et d'hommes d'affaires venus de Russie, de France et du monde arabe sur des vols non autorisés. Tous étaient là pour faire des affaires avec un régime qui avait été mis hors-la-loi. Washington s'est non seulement abstenue de condamner cette complète subversion des sanctions de l'ONU, mais elle a négocié avec le comité des sanctions des Nations unies pour réviser les règles qui s'appliquaient aux vols vers l'Irak afin qu'il n'apparaisse pas que l'embargo était violé. Pendant ce temps, les membres de la coalition alliée ont rouvert l'une après l'autre leurs ambassades à Bagdad, envoyé des dignitaires communier avec Saddam, et déploré l'injustice et l'immoralité des sanctions.

Dans cette atmosphère de capitulation au ralenti, les États-Unis ont approuvé les mesures visant à abolir complètement le seuil imposé par l'ONU sur les ventes de pétrole irakien, en faisant semblant d'ignorer le fait qu'en dehors de la tutelle des Nations unies, Bagdad faisait sortir clandestinement du pays deux milliards de dollars de pétrole supplémentaire par an. Sur le front militaire, dès que les frappes de 1998 ont cessé, Berger et Albright ont fait campagne contre la guerre d'usure dans laquelle les avions de guerre américains étaient engagés depuis la guerre du Golfe. Mais les avions irakiens ont continué à ne faire aucun cas des zones d'exclusion aérienne et leurs artilleurs à tirer sur les appareils américains. La campagne aérienne s'est donc poursuivie, mais d'une curieuse façon : le Pentagone a imaginé une stratégie dans laquelle l'aviation américaine remplirait des bombes d'une tonne avec du béton au lieu d'explosifs et les larguerait sur l'Irak. « L'équipement de guidage est toujours là, mais le ciment coûte moins cher[73] », a expliqué le lieutenant-colonel Michael Waters, porte-parole des opérations aériennes alliées sur le Nord de l'Irak. Mais le souci des coûts n'était pas la seule raison pour laquelle les États-Unis bombardaient l'Irak avec des matériaux de construction. « La manière dont nous conduisons cette opération reste dans les limites de l'acceptabilité politique », a déclaré un fonctionnaire au *New York Times*. « Nous ne voulons pas que les choses tournent mal. »

Les choses ont quand même mal tourné. La détermination de l'administration à éviter une autre épreuve de force avec Saddam à propos des inspections en désarmement a montré à quel point. « Début 2000, lors d'une conversation qui portait sur les projets de changement de régime, un haut responsable m'a dit: "le président veut finir son mandat en faisant la paix entre les Arabes et les Israéliens, il ne veut pas déclencher une guerre entre nous et les Irakiens"[74] », écrit Kenneth Pollack, ancien de l'administration Clinton. Ce désir a été compliqué à l'automne 2000 par le projet du nouveau chef des inspecteurs en désarmement, Hans Blix, d'annoncer que son équipe était prête à retourner en Irak. Cette annonce était ardemment attendue: « En l'absence d'inspecteurs sur le terrain », avait déclaré le sous-secrétaire d'État Edward Walker, « nous devons nous reposer sur les moyens techniques nationaux, qui ne peuvent pas offrir le même degré de certitude ». Pourtant, l'administration Clinton, bien décidée à éviter une confrontation, a sabordé les plans de Blix. Un diplomate américain a confié au *Washington Post* que la décision de faire obstacle à Blix venait des craintes des Américains mais aussi des Russes « que cela puisse créer un climat de confrontation à un moment inopportun[75] ». De fait, le secrétaire d'État Madeleine Albright a publiquement exclu le recours à la force en réponse à l'intransigeance de Saddam. Comme l'a fait remarquer Blix après que ses plans de voyage ont été modifiés: « Beaucoup de gens semblent penser qu'il ne va pas se passer grand-chose avant les élections présidentielles américaines. Ils n'ont sans doute pas tort. »

Les opposants à la politique étrangère de Clinton, répugnant à lui reconnaître une conduite cohérente dans toute entreprise autre que sa campagne pour la réélection, dénient toute logique à sa politique en Irak.

Ils se trompent. Lorsque l'équipe Bush s'est retirée en janvier 1993 en emportant avec elle sa philosophie du réalisme, Bill Clinton a critiqué ses prédécesseurs pour n'avoir pas su comprendre que « dans un monde où la liberté, et non la tyrannie, est en marche, le calcul cynique de la politique de coercition pure n'a pas de sens » À la place, il a promis de mener une politique étrangère qui rejetterait ce calcul cynique. Il a commencé par Saddam Hussein, à propos duquel il a déclaré, fraîchement investi : « Je crois aux conversions faites à l'article de la mort. »

En bref, ce que Clinton proposait, c'était le contraire même du réalisme. Il était guidé par un type de libéralisme illusoire qui voit la communauté mondiale et ses institutions comme la source suprême de la légitimité internationale, se sent profondément mal à l'aise avec l'affirmation unilatérale de la puissance américaine et tend à favoriser une politique qui repose bien plus lourdement sur la carotte que sur le bâton. Telle qu'elle s'est exprimée dans les accords sur le contrôle des armements, les traités internationaux et l'aversion pour l'emploi de la force, cette impulsion s'est traduite par une préférence pour une politique étrangère caractérisée par un idéalisme à la fois chimérique et légaliste. Par le passé, elle a aussi viré à l'utopie, contribuant à d'aussi brillantes « réussites » que la création de la Société des Nations, le pacte Kellogg-Briand de 1928 qui interdisait la guerre et, au moment de la guerre froide, une foi inébranlable dans les traités de contrôle des armements qui étaient systématiquement violés par l'Union soviétique.

Cette forme de libéralisme a été jugulée durant les deux premières décennies de la guerre froide par la domination de libéraux musclés comme Harry Truman et John F. Kennedy, qui ne se faisaient aucune illusion sur les périls existant au-delà des rives de l'Amérique. Mais le consensus sur la politique étrangère libérale s'est évaporé dans les jungles du Vietnam. Pour les partisans du libéralisme illusoire, et pour beaucoup d'autres, la puissance américaine était désormais irrémédiablement ternie par l'engagement dans une guerre « criminelle ». La méfiance envers la puissance américaine, inhérente au libéralisme contemporain, s'est transformée en opposition réflexe à l'exercice de cette puissance dans le monde. Ce sentiment s'est rapidement propagé chez certains dirigeants du parti démocrate. Lors des élections présidentielles de 1972, le candidat démocrate George McGovern a dénigré les efforts américains au Vietnam comme « une politique d'assassinat massif » et a exigé que l'Amérique « se retire » de l'Asie du Sud-Est et du monde. Même si cette franchise brusque était l'exception plutôt que la règle, un lieu commun avait fait son apparition au début des années soixante-dix chez de nombreux adeptes de la politique étrangère libérale : non seulement les États-Unis partageaient à égalité la responsabilité des causes, des excès et des conséquences de la guerre froide, mais sa conduite sur la scène internationale était à peine différente de celle de son adversaire communiste.

Cette méfiance réflexe envers la puissance américaine a été consacrée par le programme électoral du parti démocrate en 1972, et elle a façonné l'opinion dans ses salons tout au long des deux décennies suivantes[76]. Le président Carter, élu en 1976, a ainsi félicité l'Amérique d'avoir surmonté sa « peur démesurée du communisme » et « l'idée que l'expansion soviétique est presque inévitable et qu'elle doit être endiguée ». Au cours des années soixante-dix, les libéraux ont supprimé l'aide au

Sud-Vietnam et aux insurgés pro-occidentaux en Afrique et n'ont rien fait pour empêcher des catastrophes successives en Afghanistan, en Amérique centrale et en Iran. Tandis que la guerre froide touchait à sa fin, des membres démocrates du Congrès comme David Bonior, Jim Wright et Christopher Dodd ont passé la plus grande partie des années quatre-vingts à diriger, avec succès, les efforts de suppression d'aide financière aux opposants anticommunistes et sandinistes. Résumant cette position en des termes parfaitement appropriés, le sénateur Dodd a émis l'avis que, pour ce qui était des avancées communistes en Amérique centrale, les États-Unis « devaient se laisser porter par le courant de l'histoire au lieu de lui résister ». De même, le candidat démocrate aux élections présidentielles de 1984, Walter Mondale, ne s'est pas privé de reprocher au président Reagan sa politique, qui « cédait aux Russes la supériorité morale ». Et, en 1988, le candidat démocrate Michael Dukakis a violemment critiqué l'aide apportée aux Contras et dénoncé le bombardement de la Libye et l'invasion de Grenade.

Le communisme était mort, mais pas les scrupules des libéraux à propos de la puissance américaine. Ce qui avait commencé comme une opposition à la guerre au Vietnam s'était, au moment où la guerre froide a pris fin, durci en une opposition réflexe à l'emploi de la force. La Libye, l'Iran, l'Irak – l'idéologie de ceux qui se qualifiaient eux-mêmes d'ennemis de l'Amérique n'avait plus d'importance. La guerre du Golfe, survenue plus d'un an après la chute du mur de Berlin, a suscité tous les vieux arguments bien connus. Le sénateur Robert Kerrey, par exemple, a émis l'avis que « plutôt que de menacer de faire la guerre, [...] nous devrions dire à l'Irak et au monde que nous pensons que la perte de vies américaines et arabes est un prix trop élevé à payer pour la libération du Koweït », tandis que même des modérés comme les sénateurs Sam Nunn et Daniel Patrick Moynihan se déclaraient incapables de discerner une bonne raison de soutenir l'emploi de la force contre l'agression irakienne. Un an plus tard, des sénateurs démocrates tels que Ted Kennedy et Joseph Biden se sont insurgés à grands cris contre un rapport de l'administration Bush divulgué à la presse qui expliquait comment l'Amérique pouvait conserver sa prééminence militaire. Le sénateur californien Alan Cranston a déclaré avec mépris que l'objectif du rapport était de faire des États-Unis « le seul et unique grand chef, le caïd sur terre ».

Lors des primaires de 1992, les différents candidats à l'investiture du parti démocrate ont eux aussi entonné la rengaine familière. Paul Tsongas a doctement prévenu que l'Amérique ne pouvait pas « se permettre d'être continuellement le gendarme du monde ». Tom Harkin a prévenu les électeurs : « si vous voulez continuer à dépenser votre argent à l'étranger, votez pour George Herbert Walker Bush ». Pour sa part, Bill Clinton a défendu la création d'une « nouvelle force de déploiement rapide des Nations unies » qui pourrait alléger le fardeau de l'Amérique à l'étranger.

Si la politique étrangère du président Clinton n'était peut-être pas le produit d'une analyse réglée par des principes, elle n'en a pas moins reflété certaines idées sur le rôle de l'Amérique dans le monde. Clinton, bien sûr, est entré à la Maison-Blanche en promettant de « se focaliser comme un laser » sur l'économie intérieure. Cela a eu des répercussions directes sur sa politique étrangère car, comme l'a expliqué Peter Tarnoff, sous-secrétaire d'État chargé des Affaires politiques, « nous n'avons tout simplement pas le poids, ni l'influence, ni le désir d'employer les forces militaires, et nous n'avons certainement pas l'argent[77] » pour régler les crises internationales. C'est pourquoi l'inaction d'abord affichée par l'administration devant la crise en Bosnie – dont elle a déploré la destruction tout en restant les bras croisés pendant près de trois ans –, a marqué l'apparition d'une politique étrangère partant du principe qu'il fallait, selon les termes de Tarnoff, « fixer des limites à l'importance de l'engagement américain ». Pour cela, l'administration Clinton s'est reposée sur les Nations unies et sur une doctrine de « multilatéralisme dynamique » car, comme l'a expliqué le président : « Nous devons absolument nous concentrer sur la reconstruction de l'Amérique[78]. » Applaudissant des deux mains, le *New York Times* a émis l'avis que « la nouvelle administration doit aussi détacher doucement l'Amérique de son rôle coûteux de gendarme du monde en aidant à transformer les Nations unies et les groupes régionaux en instruments crédibles de mise en œuvre de la sécurité collective ». Chose que l'administration a entrepris de faire en rédigeant une directive présidentielle qui n'était rien d'autre qu'un plan détaillé pour subordonner la puissance américaine aux décisions de l'ONU. Le secrétaire à la Défense William Perry a parfaitement restitué l'esprit de ce document en expliquant solennellement un an plus tard : « nous sommes réellement impuissants à mener des frappes aériennes » en Bosnie parce que « les Nations unies n'en ont pas demandé[79] ».

Il s'en est suivi une forme typiquement « clintonienne » de libéralisme en politique étrangère. L'inconfort manifeste du président vis-à-vis de l'emploi de la puissance américaine, sa préférence pour des actions menées en accord avec et au nom de la « communauté mondiale » et sa foi exubérante dans les pouvoirs libéralisateurs du commerce et de la technologie trouvaient leur origine dans un type d'idéalisme fondamentalement illusoire. « Les forces de l'intégration mondiale forment un grand courant qui érode inexorablement l'ordre établi des choses[80] », a exulté Clinton en 1997. Dans sa façon d'en parler, ce « grand courant » réduisait un environnement mondial complexe et dangereux à un simple catalogue des progrès matériels et des améliorations morales dont on pouvait déjà apercevoir les retombées bénéfiques dans un Nouveau Moyen-Orient, une Renaissance Africaine et même un « partenariat stratégique » avec la Chine.

Parmi les détritus que le grand courant de « l'intégration mondiale » allait emporter figuraient les considérations traditionnelles sur la puissance, que les membres de l'équipe Clinton qualifiaient de « préoccupations dépassées » et de « stratoconneries et globalivernes ». En lieu et place des préoccupations classiques sur l'agression et la puissance, les clintoniens ont discerné de nouvelles menaces plus urgentes, un véritable catalogue des grands périls du vingt et unième siècle allant des syndicats du crime au réchauffement de la planète en passant par la grippe. Ratissant large, le sous-secrétaire d'État Strobe Talbot a situé les dangers pour la sécurité nationale « depuis le parquet de la bourse de Singapour jusqu'au toit du monde au-dessus de la Patagonie, où il y a un trou dans la couche d'ozone[81] », tandis que le vice-président Al Gore comparait la lutte contre la dégradation mondiale de l'environnement aux efforts passés de l'Amérique contre l'Union soviétique.

Et pendant que l'administration confondait ces préoccupations avec de véritables menaces, elle faisait semblant de ne pas remarquer la persistance de comportements qui ne s'accordaient pas avec sa vision du monde. « Si le peuple américain ne sait rien d'autre sur moi, il sait que je n'aime pas employer la force militaire[82] », a rappelé le président Clinton au public en 1999. Effectivement, après s'être excusé pour la conduite de ses prédécesseurs en Afrique et ailleurs au cours de la guerre froide, Clinton est resté les bras croisés pendant le génocide rwandais et a attendu trop longtemps pour réagir à la tentative de génocide en Bosnie, que le secrétaire d'État Warren Christopher, à l'instar du premier ministre britannique Neville Chamberlain face à Hitler, a dépeint comme « une crise humanitaire bien loin de chez nous, au milieu d'un autre continent[83] ». L'administration a tergiversé pendant près de trois ans pendant que la Bosnie brûlait et que Clinton visitait divers monuments commémorant l'Holocauste. Et lorsque, en 1994, les efforts de la Corée du Nord pour fabriquer des armes nucléaires ont menacé d'entraîner les États-Unis dans une guerre, l'équipe Clinton a envoyé Jimmy Carter négocier et a essayé de convaincre Pyongyang d'abandonner ses tentatives en lui promettant l'aide américaine. Rejoignant l'affirmation de Carter selon laquelle le résultat de ses négociations était « une sorte de miracle », Clinton a fanfaronné : « Cet accord contribuera à concrétiser un objectif américain vital et poursuivi de longue date : la fin de la menace de prolifération nucléaire dans la péninsule coréenne[84]. » (Le « miracle » a atteint son point culminant en 2002 quand la Corée du Nord a annoncé qu'elle n'avait pas abandonné ses efforts pour se doter de l'arme nucléaire.)

Pendant ce temps, juste à côté, des hommes que Clinton avait qualifiés de « bouchers de Beijing » quand il était candidat, modernisaient leurs forces armées et lançaient des missiles à partir de Taïwan, volaient puis exportaient la technologie militaire américaine et menaçaient les États-Unis eux-mêmes. La réaction du président Clinton a été d'inonder la Chine de technologies militaires à double usage, de saluer leur nouveau « partenariat stratégique » et de « dissocier » officiellement les droits de l'homme du commerce.

La réponse de l'équipe Clinton au terrorisme s'est révélée pareillement irresponsable. Malgré les nombreuses données probantes qui conduisaient à Al-Qaïda, elle n'a pas réagi à l'attentat d'octobre 2000 contre l'*USS Cole* et s'est opposée à l'envoi des Forces spéciales sur la piste d'Oussama Ben Laden. De la même façon, elle n'a jamais répondu à l'attentat de 1996 sur les baraquements de Khobar Towers en Arabie Saoudite, en dépit (ou à cause) des éléments dénotant l'implication de l'Iran, à qui l'équipe Clinton s'efforçait alors de « tendre la main ». De même, la réponse de l'administration aux attentats à la bombe commis contre deux ambassades américaines en Afrique orientale en août 1998 a été d'envoyer quelques missiles sur une usine pharmaceutique au Soudan à la veille de la mise en accusation de Clinton devant le Congrès. En fait, son administration n'a jamais réellement répondu aux attentats terroristes en mettant en œuvre tout le poids de la puissance militaire américaine. Il fallait laisser ça à « la police et à la justice de notre pays[85] », comme l'a expliqué Madeleine Albright. L'administration Clinton a même offert aux nations qui soutenaient le terrorisme un nettoyage linguistique en changeant leur appellation officielle d'« États voyous » en « États préoccupants ».

Malgré tout, Bill Clinton était peut-être mou par tempérament mais si le coût politique de l'inaction se révélait trop élevé, on pouvait compter sur lui pour passer à l'action. C'est pourquoi l'occupation incontestée d'Haïti a commencé quand la perspective de bateaux entiers de Haïtiens échoués sur les plages de Floride et les protestations du Congressional Black Caucus, organisation représentant les membres noirs du Congrès, ne lui ont plus laissé le choix. Son conseiller spécial chargé des Balkans, Richard Holbrooke, raconte de la même manière que Clinton n'a décidé de lancer une campagne de bombardements prolongée en Bosnie que quand les Européens ont commencé à demander aux États-Unis d'honorer leur promesse d'évacuer les Casques bleus, opération politiquement risquée et susceptible de se solder par des pertes américaines substantielles – des pertes que les frappes aériennes rendraient inutiles, ce qui a été le cas. Et il n'a pas été tellement plus impatient d'agir au Kosovo. Lorsqu'il l'a fait, en gardant un œil sur les urnes, il a ordonné à ses avions de combat de rester au-dessus de mille cinq cents pieds, exclu l'emploi des troupes terrestres, puis subordonné la mission des soldats américains aux impératifs de « la protection de la force de maintien de la paix ».

Ce curieux mélange de libéralisme et de cynisme a connu son échec le plus cinglant en Irak. Ce qui était important, ce n'était pas d'endiguer Saddam ni même de le désarmer. L'impératif politique de tenir le dossier Irak « loin du bureau du président », selon les mots d'un fonctionnaire, l'emportait largement. Les quelques fois où Clinton a quand même trouvé l'Irak sur son bureau, son administration ne s'est pas comportée tellement mieux. Faisant étalage de ses peurs comme s'il s'agissait de vertus, l'équipe Clinton a fait appel à maintes reprises aux Nations unies pour qu'elles l'aident à se sortir des divers pétrins où elle s'était elle-même jetée. La Maison-Blanche a abandonné les membres de l'opposition démocratique irakienne, elle n'a rien fait pour empêcher le démantèlement des mesures d'endiguement dont l'administration précédente s'était servie pour garder Saddam « dans sa boîte » et, lorsqu'elle a effectivement eu recours à la force, elle a engagé des opérations militaires de représailles qui n'ont eu aucun effet démontrable sur une situation qui se dégradait de jour en jour, et dont le prétendu succès tenait largement du fantasme. Tout cela reflétait le refus de l'administration d'employer des mesures d'une véritable efficacité stratégique. La politique de Clinton envers l'Irak a peut-être conforté la sensibilité de ses architectes, mais pas autant qu'elle a conforté Saddam, qui, au moment où Clinton a quitté ses fonctions, était sorti de sa boîte – une boîte dont les limites étaient en grande partie imaginaires au départ.

La réponse américaine

Un internationalisme typiquement américain (Bush II)

Les libéraux et les réalistes abordent le monde sous deux angles différents, mais ils se sont retrouvés les uns et les autres au même endroit : en train de regarder l'arsenal de Saddam s'étoffer et se faire plus menaçant de jour en jour. Car chacune de ces deux idéologies tend à pousser l'Amérique vers une conception minimaliste de la politique étrangère, la première parce que l'idée même d'intérêt personnel l'incommode, la deuxième parce qu'elle définit l'intérêt national de manière bien trop étroite. Sur le problème Saddam, les partisans de ces deux visions du monde ont trouvé des excuses pour ne rien faire. Mais sur la question de l'Irak et sur celle, plus vaste, de l'utilisation de la puissance américaine dans le monde, il a toujours existé une alternative. Après le 11 septembre 2001, George W. Bush a adopté cette alternative.

C'est ce que le président appelle « un internationalisme typiquement américain », philosophie qui s'efforce d'associer les éléments les plus positifs du réalisme et du libéralisme. Cette vision du monde n'a pas été créée de toutes pièces par l'administration actuelle. En réalisant l'union de la puissance américaine et des idéaux américains, plusieurs présidents, de Teddy Roosevelt et

Harry Truman à John F. Kennedy et Ronald Reagan, ont mis en pratique les principes de cette doctrine, et l'ont fait avec beaucoup de succès. Lors de la campagne présidentielle de 2000, l'appel du sénateur John McCain à « l'élimination des États voyous » a été un rappel de cette tradition, de même que celui du candidat Bush en faveur d'une politique étrangère épousant « l'idéalisme sans illusions » et « le réalisme au service des idéaux américains ». Même s'il a hésité à suivre ce cap au cours de la première année de son mandat, le 11 septembre a amené le président à reprendre son slogan électoral et à l'approfondir. Il a alors embrassé l'héritage de Truman et de Kennedy en promettant de « combattre pour une paix juste, une paix qui privilégie la liberté ». Cela l'a logiquement et rapidement amené au problème Saddam.

Qu'est-ce que « l'internationalisme typiquement américain », ou même simplement l'internationalisme américain ? Tout d'abord, c'est une philosophie qui est clairement issue de « l'exceptionnalisme américain », une croyance dans la singularité et la vertu du système politique américain qui, prise sous l'angle de la politique étrangère, fait des États-Unis un modèle pour le monde. Un modèle, parce que la foi dans l'idéal universel qu'est la liberté et non un nationalisme fondé sur le sol et le sang est ce qui définit l'idée américaine. L'historien Robert Tucker décrit comment cette foi a modelé les contours de notre politique étrangère : « Dès le début de notre existence en tant que nation, nous avons eu la conviction que notre sécurité et notre survie étaient synonymes de la sécurité et de la survie de la liberté dans le monde. C'est pourquoi notre raison d'État possède non seulement une dimension qui dépasse la raison classique, mais qu'elle a souvent été considérée comme qualitativement différente de celle-ci[86]. »

Les libéraux et les réalistes contemporains nient généralement que l'Amérique soit une nation exceptionnelle à quelque titre que ce soit. Les premiers parce que l'idée de la spécificité des États-Unis contredit la logique du relativisme culturel et encourage le nationalisme américain, les seconds parce qu'admettre cet exceptionnalisme encouragerait « l'esprit de croisade » de l'Amérique. Au cours de l'après-guerre, ces désaccords ont séparé des internationalistes américains comme Harry Truman et John F. Kennedy de partisans du libéralisme illusoire comme Henry Wallace et Eleanor Roosevelt, d'une part, et de réalistes comme George Kennan et Henry Kissinger, de l'autre. Alors que les libéraux affirment que le meilleur moyen d'encourager la paix et la liberté politique est d'œuvrer au sein des organisations internationales et par le biais de la coopération internationale, les internationalistes américains comptent sur la puissance américaine et sur des alliances dirigées par les États-Unis. Et si une profonde réticence à juger les autres et un scepticisme durable à l'égard des idéaux fondateurs de l'Amérique accablent les libéraux, les internationalistes américains ne se laissent pas inhiber par ce genre d'appréhensions. Certes, certains libéraux admettent que l'Amérique devrait jouer le rôle d'un gendarme du monde – du moins en association avec la « communauté mondiale ». Mais pour les internationalistes américains, la mission de l'Amérique va au-delà d'une vision aussi limitée.

Si cet attachement à l'idée américaine différencie les internationalistes américains des libéraux, elle les sépare également des réalistes. Lorsque, par exemple,

Harry Truman a promis en 1947 « d'aider les peuples libres à forger leur destin de leurs propres mains », des réalistes comme Walter Lippmann ont prévenu que le président venait de donner le coup d'envoi d'une dangereuse croisade. Les internationalistes américains souscrivent à certains principes du réalisme – avant tout, l'idée que l'environnement international est un endroit fondamentalement dangereux. Là où les deux visions du monde divergent, c'est précisément quand les internationalistes américains affirment que cette situation peut être nettement améliorée par l'application vigoureuse de la puissance et des idéaux américains.

L'Âge d'or de l'internationalisme américain – ou de l'anticommunisme libéral, comme on l'appelait à l'époque – a commencé avec la déclaration de Truman selon laquelle les États-Unis étaient devenus « l'une des forces du bien les plus puissantes sur terre » et que la tâche consistait désormais à « faire en sorte qu'ils le restent » et à « conduire le monde vers la paix et à la prospérité ». Le NSC-68, ce célèbre rapport sur la politique de défense présenté par Truman en 1950, affirmait : « Une défaite des institutions libres n'importe où est une défaite partout. » L'internationalisme américain, avec sa foi dans la démocratie libérale et dans le devoir qu'a l'Amérique d'encourager celle-ci partout dans le monde, a été dès ce moment inscrit dans la politique officielle et il l'est resté durant l'administration de John F. Kennedy, qui a fait le serment que les États-Unis « paieraient n'importe quel prix, supporteraient n'importe quel fardeau, affronteraient n'importe quelle difficulté, soutiendraient tout ami, s'opposeraient à tout ennemi pour assurer la survie et le succès de la liberté ».

Dès 1968, cependant, cette forme d'internationalisme américain a semblé se discréditer dans les jungles de l'Asie du Sud-Est. La guerre du Vietnam a persuadé de nombreux libéraux que non seulement la politique américaine, mais encore la nature fondamentale des États-Unis avaient été mises à l'épreuve et s'étaient révélées déficientes. Les États-Unis, comme l'a avancé en 1971 Richard Barnet, ancien fonctionnaire de l'administration Kennedy, devaient être considérés « non pas comme le pays qui résout les problèmes du monde mais comme une partie intégrante du problème[87] ». Ou, ainsi que l'a dit le président Carter quelques années plus tard, le Vietnam a montré que l'Amérique ne devait pas « intervenir militairement dans les affaires intérieures d'une autre nation sauf en cas de menace directe et évidente pour la sécurité des États-Unis ou de son peuple ». Les leçons de Munich, qui préconisaient la résistance à l'agression hors des frontières nationales, avaient été remplacées par les leçons du Vietnam.

En fait, le Vietnam a produit non pas une mais deux leçons fallacieuses : l'une pour la gauche, comme on vient de le voir, et l'autre pour la droite. Certains réalistes avaient mis en garde dès le départ contre l'intervention américaine en Asie du Sud-Est, la considérant comme la conséquence logique d'une idéologie devenue folle. Le résultat n'a fait que confirmer leurs soupçons. La leçon, de leur point de vue, était que l'Amérique devait intervenir uniquement là où ses « intérêts vitaux » étaient menacés et non pas à la « périphérie » et en tout cas jamais pour des raisons idéologiques. Ainsi, alors même que son administration continuait à faire la guerre au Vietnam, le président Nixon a proclamé : « L'objectif de toute administration américaine devrait être d'éviter une autre guerre pareille à celle du Vietnam n'importe où dans le monde[88]. » Un objectif auquel l'Amérique parviendrait en attendant « de la nation directement menacée qu'elle assume la responsabilité principale de fournir les effectifs pour sa défense ». Un objectif qui impliquerait aussi de s'appuyer fortement sur la realpolitik à l'européenne adoptée par le conseiller spécial pour la sécurité Henry Kissinger, politique qui s'est traduite par des efforts acharnés pour améliorer les relations avec l'Union soviétique et avec la Chine, alors que ces deux puissances continuaient à aider l'ennemi de l'Amérique en Asie du Sud-Est. La « détente » qui a découlé de ces efforts a duré près d'une décennie.

Ainsi, au cours des années soixante-dix, le libéralisme et le réalisme ont fait fonction de barrières à l'exercice de la puissance américaine, des barrières qui se renforçaient l'une l'autre. Tandis qu'Anthony Lake, futur conseiller de Clinton, saluait une « évolution bienvenue vers la prise de conscience des limites de la puissance et de la responsabilité américaines », Kissinger recommandait de façon similaire « la retenue dans l'utilisation du pouvoir ». Mais alors que les libéraux comme les conservateurs étaient en train d'abandonner les principes qui avaient guidé l'Amérique à travers la première phase de la guerre froide, un groupe d'internationalistes américains – ou de néo-conservateurs, comme on allait bientôt les baptiser –, proches du sénateur Henry « Scoop » Jackson, formaient la Coalition for a Democratic Majority (CDM) et contestaient directement l'isolationnisme qui s'était emparé d'une grande partie du parti démocrate. Contrairement aux dirigeants de leur parti, en faveur d'un pacifisme mou, Jackson et ses collègues du CDM affirmaient que l'intérêt personnel de l'Amérique et les intérêts de l'humanité n'étaient pas nécessairement incompatibles. Au contraire, le monde était un endroit meilleur grâce à l'application vigoureuse de la puissance américaine. De ce fait, Jackson prônait une politique étrangère à la fois énergique, idéaliste et interventionniste. Dans le parti démocrate des années soixante-dix, ce n'était pas un point de vue facile à faire accepter. Pas plus d'ailleurs que dans le parti républicain de Gerald Ford, dont l'amour pour la realpolitik était considéré par les internationalistes américains comme presque aussi dangereux que la politique étrangère masochiste pratiquée par le parti démocrate.

Rejetant les « leçons » du Vietnam, ces internationalistes américains des années soixante-dix étaient partisans de poursuivre la politique de la guerre froide. Ils restaient convaincus de la nécessité de ne pas relâcher la vigilance américaine à l'étranger, en particulier pour tout ce qui avait trait à l'Union soviétique. Il est facile d'oublier à quel point il était mal vu, dans la seconde moitié des années soixante-dix, de suggérer que l'URSS représentait réellement un danger, et plus encore d'avancer que les États-Unis se devaient d'affronter ce danger. C'était loin d'être l'opinion dominante dans les hautes sphères de la politique étrangère américaine. Bien au contraire : l'idée couramment répandue depuis l'administration de Nixon jusqu'à celle de Carter était que les États-Unis devaient faire tout leur possible pour coexister pacifiquement avec l'URSS, et que le peuple américain était de toute façon incapable de poser durablement un défi sérieux au système soviétique. Se lancer dans une course aux armements aurait pour résultat soit de ruiner l'Amérique soit de mener à l'Apocalypse. Défier l'idéologie communiste dans ses fondements même, la déclarer malfaisante et illégitime, serait au mieux chimérique et probablement périlleux. Lorsque les internationalistes américains ont contesté ce consensus, lorsqu'ils ont critiqué la détente et le contrôle des armements, lorsqu'ils ont demandé un renforcement du potentiel militaire et un vaste assaut à la fois idéologique et stratégique contre le communisme soviétique, leurs recommandations ont été généralement traitées par le mépris et considérées comme naïves ou irréfléchies. Il a fallu une révolution dans la politique étrangère américaine, la chute du mur de Berlin et la désintégration de l'empire soviétique pour prouver qu'ils avaient raison.

Après être restée en défaveur pendant quinze ans, la tradition de l'internationalisme typiquement américain a fait son retour grâce au président Reagan, qui a promis que le facteur décisif dans la guerre froide serait « non pas les bombes et les missiles, mais une épreuve de volonté et d'idées » et que les États-Unis aideraient les autres nations à « promouvoir l'infrastructure de la démocratie ». Reagan a reconstruit l'armée des États-Unis. Il a formulé la Doctrine Reagan, pris au sérieux les appels à refouler les avancées soviétiques, et il l'a fait en soutenant les insurrections anticommunistes à travers le monde. Il a aidé à fonder des organisations quasi gouvernementales comme la National Endowment for Democracy (Dotation nationale pour la démocratie), qui encourageait les libertés politiques dans les pays autocratiques. Il a présenté l'Union soviétique pour ce qu'elle était : un empire du mal. Il a déclaré que ce n'était qu'en changeant le système politique de nos adversaires, plutôt qu'en les « équilibrant » ou en « engageant le dialogue », que nous pourrions faire de l'Amérique et du monde des endroits plus sûrs. Mais, plus important encore, il a évoqué ouvertement et fréquemment la mission de l'Amérique dans ce monde. L'héritage de Reagan a attendu plus de dix ans avant d'être à nouveau ressuscité par George W. Bush après le 11 septembre.

Il est assez amusant de noter que la mission de chasser Saddam Hussein soit revenue à un homme dont le père, lorsqu'il était président, a, entre autres choses, pris la décision fatidique de laisser le dictateur irakien au pouvoir. Il est également frappant d'entendre le président George W. Bush reprendre à son compte la prédiction de George Marshall selon laquelle « notre drapeau sera reconnu partout dans le monde comme un symbole de liberté en même temps que de puissance écrasante », alors que le candidat George W. Bush a placé ses réserves sur l'intervention militaire au centre de son programme de politique étrangère pendant la campagne présidentielle. Alors que les internationalistes américains voyaient l'administration Clinton comme faible et indécise, le conseiller de Bush pour la politique étrangère, Stephan Hadley, s'est plaint de ce qu'elle « se soit trop rapidement saisie de l'instrument militaire[89] ». Et pendant qu'il était en campagne, George W. Bush a affirmé sans détour qu'il n'interviendrait pas pour stopper « un génocide dans des nations échappant à notre intérêt stratégique » et que les États-Unis devaient adopter une attitude plus « humble » à l'égard du monde.

Mettant en contraste sa propre politique étrangère, qui se focaliserait sur « les intérêts nationaux vitaux », avec le moralisme de Clinton, les critiques de Bush ont souvent semblé virer au dédain pour la démocratie. « Ce nouveau général pakistanais qui vient d'être élu – non, pas élu, il a pris le pouvoir », a-t-il par exemple déclaré en parlant de Pervez Moucharraf, arrivé sur le siège présidentiel après un coup d'État, « il semble qu'il va apporter la stabilité au pays, et je pense que c'est une bonne nouvelle pour le sous-continent ». De fait, malgré son insistance à se réclamer de Reagan, il a semblé que la démarche de George W. Bush ne serait rien d'autre qu'une variation sur le thème de la realpolitik du Vieux Monde et une redite de Gerald Ford. « La culture qui est en train d'apparaître », a noté Jonathan Clarke, un réaliste du Cato Institute, peu après l'entrée en fonction de Bush, « est celle d'un retour au professionnalisme au détriment de l'idéologie[90]. »

Par le choix de ses collaborateurs en politique étrangère, Bush n'a fait que renforcer cette impression. Empruntant un raisonnement dérivant en partie de Hans Morgenthau et en partie du *Reader's Digest*, son tout nouveau secrétaire d'État, Colin Powell, avait affirmé en 1992 dans une page d'expression libre du *New York Times* que les États-Unis ne devaient pas intervenir en Bosnie parce que le conflit avait « de profondes racines ethniques et religieuses vieilles de mille ans[91] ». L'Amérique ne devait pas non plus aider les rebelles irakiens pour ne pas se retrouver « en train d'essayer de mettre de l'ordre dans deux mille ans d'histoire mésopotamienne ». De même, le conseiller spécial pour la sécurité, Condoleezza Rice, venue à l'attention du président en tant que protégée de Brent Scowcroft, un proche ami de son père, adhérait à un type prosaïque de realpolitik identique à celui de son mentor. De plus, Powell a choisi un autre protégé de Scowcroft, Richard Haass, comme conseiller spécial chargé du Moyen-Orient et directeur de la planification politique. Dans ses écrits, Haass avait émis l'idée que « l'ordre est plus fondamental que la justice[92] » et que, par conséquent, « même s'il est vrai que le monde serait bien mieux loti sans Saddam Hussein, faire de son renversement un but explicite serait également une erreur[93] ».

Mais Bush a aussi nommé plusieurs internationalistes américains à des postes haut placés. « Nous devons renforcer nos liens avec nos alliés démocratiques et nous opposer aux régimes qui sont hostiles à nos intérêts et à nos valeurs », affirmait une déclaration sur les principes de la politique étrangère rédigée par le Projet pour un Nouveau Siècle Américain et signée par le secrétaire à la Défense Donald Rumsfeld et un groupe de futurs collaborateurs de Bush deux ans avant que celui-ci soit élu. L'adjoint de Rumsfeld, Paul Wolfowitz, est tout aussi attaché au rôle des principes dans la politique étrangère américaine. Il a commencé à se faire connaître en 1976 comme membre de la « Team B », un groupe de conservateurs de la vieille école auteur d'un rapport qui prenait le contre-pied de l'opinion lénifiante des services de renseignements sur les intentions stratégiques des Soviétiques. Durant l'administration Reagan et la première administration Bush, Wolfowitz a rapidement gravi les échelons du département d'État et du Pentagone. En 1992, alors qu'il était sous-secrétaire chargé de l'élaboration des politiques au Pentagone, il a provoqué un tollé des deux côtés de l'éventail politique en recommandant d'exploiter la suprématie militaire de l'Amérique pour « dissuader nos rivaux potentiels ne serait-ce que d'aspirer à un rôle régional ou mondial plus important ». Ce n'était pas uniquement pour des raisons géopolitiques qu'il préconisait cette ligne de conduite. Durant les années quatre-vingt-dix, il était apparu comme le champion infatigable des minorités ethniques, depuis les musulmans bosniaques jusqu'aux

Kurdes irakiens. Dans un article écrit pour le *National Interest* juste avant de prendre ses fonctions dans l'actuelle administration, Wolfowitz a déploré : « Rien ne saurait être moins réaliste que les différentes versions de la vision "réaliste" de la politique étrangère qui laisse de côté les droits de l'homme, instrument important de la politique étrangère américaine. »

Peu après son investiture, Bush a dit de son équipe chargée de la politique étrangère : « Il va y avoir des désaccords. J'espère qu'il y en aura. » Il y en a eu – mais pas sur le modèle habituel. Sur la question de la puissance américaine, les différents protagonistes au sein de la bureaucratie étaient cantonnés depuis plusieurs années dans un rôle particulier. Le département d'État prônait un rôle actif sur la scène internationale, tandis que le Pentagone, échaudé par les « leçons » du Vietnam, préconisait la retenue. Même au sein de l'administration Reagan, qui semblait unie derrière une seule et même vision, il y avait eu des batailles épiques entre le chef du Pentagone Caspar Weinberger et le secrétaire d'État George Shultz, qui déplorait de voir l'Amérique devenir « le Hamlet des nations, toujours en train de s'inquiéter de l'opportunité et de la manière de répondre » à ses ennemis. Et rappelons également la fameuse question de Madeleine Albright à Colin Powell, chef d'état-major des armées sous Clinton : « Quel est l'intérêt d'avoir cette superbe armée dont vous n'arrêtez pas de nous parler si nous ne pouvons pas nous en servir ? [94] »

Mais sur la question de l'Irak, l'équipe Bush a renversé les rôles, plaçant face à face un département d'État qui met en garde contre les dangers de l'usage de la force et un Pentagone qui croit en son efficacité.

Colin Powell est arrivé au département d'État armé de son curieux type de réalisme, tandis que des internationalistes énergiques comme Rumsfeld et Wolfowitz ont apporté au Pentagone leur vision plus ambitieuse du rôle mondial de l'Amérique. Les dissensions entre les deux camps remontent à la première administration Bush : à l'époque, Powell avait obtenu que la guerre du Golfe prenne fin après seulement quatre jours de combats et refusé d'aider les insurgés irakiens. Wolfowitz, quant à lui, s'était déclaré en désaccord avec la décision de laisser Saddam Hussein au pouvoir avant de passer la plus grande partie des dix années suivantes à plaider en faveur d'une aide aux rebelles irakiens. Il recommandait cette fois que les États-Unis attaquent l'Irak dès qu'ils auraient « trouvé la bonne manière de le faire ». Rumsfeld, pour sa part, affirmait avant l'intervention américaine : « L'Irak est mûr pour une vaste insurrection. »

Pourtant, ayant promis de traiter Bagdad avec fermeté, l'équipe de George W. Bush a passé les premiers mois de son mandat à ne pas le faire. Comme Clinton avant lui, Bush s'est refusé à autoriser le déblocage des fonds alloués par le Congrès aux forces d'opposition irakiennes. La Maison-Blanche a même entrepris d'édulcorer les contraintes que l'équipe Clinton avait imposées à l'Irak. Deux mois seulement après avoir pris ses fonctions, Powell a commencé à promouvoir un projet pour alléger le régime de sanctions mis en place dix ans plus tôt contre l'ennemi de l'Amérique dans la guerre du Golfe. Ce plan, qui demandait l'élimination de la plupart des restrictions imposées au commerce irakien et le durcissement de l'embargo sur les importations militaires, avait pour but de « soulager le fardeau du peuple irakien » et de désamorcer ainsi les critiques contre les États-Unis.

Powell est parti pour le Moyen-Orient en mars 2001 afin de vendre son projet. Ses amis dans la région, selon lui, lui avaient dit que c'était « la bonne chose à faire ». Mais ses amis à Washington – à savoir le président, le vice-président et le secrétaire à la Défense – ne lui avaient rien dit de tel, comme il l'a reconnu au cours de son voyage. Qui plus est, les Irakiens n'ont pas avalé son boniment : Bagdad a immédiatement qualifié sa proposition d'« ânerie ». Mais Powell a persévéré, faisant campagne à la fois en Amérique et aux Nations unies. Il a fini par réussir. Toutefois, lorsque l'ONU a enfin donné son aval au nouveau régime de sanctions, elle a gardé la carotte et jeté le bâton. Tout en autorisant volontiers l'allégement de l'embargo contre l'Irak, la version finale du projet a laissé de côté les seules mesures de fermeté qu'il contenait au départ : l'engagement de la part des voisins de l'Irak d'interrompre leurs importations illégales de pétrole et d'accueillir des observateurs internationaux le long de la frontière irakienne. « C'est un pas important qui améliorera la capacité du régime irakien à répondre aux besoins de son peuple[95] », a déclaré Powell. Saddam avait obtenu tout en échange de rien.

Puis il y eut le 11 septembre. Ce jour n'a peut-être pas changé l'opinion de certains conseillers diplomatiques du président. Il n'a peut-être pas changé la menace posée par Saddam Hussein. Mais il a changé le président, et du même coup l'orientation de sa politique étrangère.

Quelle a été l'importance de ce changement ? On peut en avoir un aperçu d'après une série de discours prononcés par Bush entre septembre 2001 et juin 2002, et d'après le document sur la stratégie de sécurité nationale dans lequel les thèmes de ces discours ont été officiellement exposés. En moins d'une heure, lors de son allocution au Congrès le 20 septembre 2001, Bush, d'un réaliste marchant sur les pas de son père, est devenu un internationaliste défendant les idéaux de l'Amérique aussi sincèrement et aussi énergiquement que Harry Truman, John Kennedy et Ronald Reagan. Il a décrit l'objectif de l'Amérique de la façon suivante : « Le progrès de la liberté de l'homme – la grande réussite de notre temps, et le grand espoir de tous les temps – dépend maintenant de nous. Notre pays – cette génération – lèvera la sinistre menace de violence qui pèse sur notre peuple et sur notre avenir. Nous rallierons le monde à cette cause par nos efforts et par notre courage. Nous ne faiblirons pas, nous ne vacillerons pas, nous ne faillirons pas[96]. »

Autant de choses dont le président a fait la démonstration au cours des mois suivants en concentrant la puissance militaire de l'Amérique sur l'Afghanistan avec un succès dévastateur. Les États-Unis ont non seulement détruit le refuge de Ben Laden, mais ils ont renversé l'un des gouvernements les plus répressifs au monde, encourageant ainsi les femmes à montrer leur visage, les enfants à faire voler leurs cerfs-volants et les hommes à raser leur barbe et à dire librement ce qu'ils pensent pour la première fois depuis des années. Le président Bush, a-t-il été dit, a ainsi traduit « la clarté morale » en politique officielle.

Cette clarté morale a été renforcée par le discours sur l'état de l'Union du 29 janvier, quand le président a, dans une phrase célèbre, identifié l'Irak, l'Iran et la

Corée du Nord comme appartenant à un « axe du mal ». Dans les jours qui ont suivi, Washington, New York et les capitales européennes n'avaient toujours pas repris leur souffle. Jamais, depuis que Ronald Reagan avait décrit l'Union soviétique comme un empire du mal, un président américain n'avait bravé aussi hardiment les lieux communs et les euphémismes des pontifes de la politique étrangère. Bien sûr, le *New York Times* a immédiatement exprimé son inquiétude et son malaise de voir « l'emploi de la puissance et de l'intimidation revenir au premier plan de la politique étrangère américaine[97] ». De leur côté, des anciens de l'administration Clinton se sont plaints en chœur de ce que le président avait exagéré les menaces pour l'Amérique et sous-estimé les dangers qu'il y aurait à les affronter.

Nulle part les critiques n'ont été plus violentes que sur la question de l'Irak, car il est rapidement apparu que Bush allait rompre avec les politiques de ses prédécesseurs. Au cours des mois suivants, dans une série de discours et d'interviews, le président a expliqué pourquoi l'Irak représentait bel et bien une menace à nulle autre pareille et comment le 11 septembre avait prouvé qu'il était urgent d'y faire face. En septembre 2002, s'adressant à l'Assemblée générale des Nations unies, il a rappelé en détail la politique d'agression de Saddam Hussein, ses tentatives pour acquérir et fabriquer des armes de destruction massive, ses crimes contre le peuple irakien, son mépris pour l'ONU et, enfin, son soutien au terrorisme. Développant tous ces thèmes lors d'un discours à Cincinnati le 7 octobre, Bush a déclaré : « Si les dangers sont légion dans le monde, la menace qui vient de l'Irak est unique en son genre parce qu'elle réunit en un même lieu les périls les plus graves de notre époque. Les armes de destruction massive de l'Irak sont contrôlées par un tyran brutal qui s'est déjà servi d'armes chimiques pour tuer des milliers de gens. Ce même tyran a essayé de dominer le Moyen-Orient, a envahi et brutalement occupé un petit pays voisin, a attaqué d'autres nations sans crier gare, et il nourrit une hostilité implacable à l'égard des États-Unis. Par ses actions passées et présentes, par ses capacités technologiques, par la nature impitoyable de son régime, l'Irak est sans équivalent[98]. »

Le 11 septembre n'a pas créé la menace Saddam ni même rendu plus urgente la nécessité de s'occuper de lui. Il a plutôt fait ressortir de façon éclatante un péril qui existait depuis longtemps. Avant le 11 septembre, comme l'a rappelé le président aux Américains, « nous n'avions que des indices sur les projets et les desseins d'Al-Qaïda ». Mais aujourd'hui, en Irak, « nous voyons une menace donc les contours sont bien plus clairement définis et dont les conséquences pourraient être bien plus mortelles [...]. Étant conscients des dangers de notre époque, connaissant les visées et les mensonges du régime irakien, nous avons toutes les raisons de supposer le pire et nous avons le devoir urgent de l'empêcher de survenir ». Toutefois, comme le président l'a clairement expliqué, le devoir de l'Amérique ne sera pas accompli lorsque Saddam aura été renversé, ni même lorsque l'Irak possédera un gouvernement respectable. La Doctrine Bush est centrée sur le changement de régime en Irak, mais elle donne à l'ensemble de la politique étrangère américaine une ligne de conduite et une mission.

Ainsi, le 1er juin 2002, à l'occasion d'un discours à West Point, le président a exposé ce qui allait désormais être connu sous le nom de Doctrine Bush. Tout d'abord, l'Amérique ne se reposerait plus uniquement sur « les doctrines d'endiguement et de dissuasion héritées de la guerre froide ». Au lieu de cela, elle se réserverait le droit de prévenir les dangers, « de porter la bataille chez l'ennemi, de perturber ses projets et d'affronter les pires menaces avant qu'elles n'apparaissent[99] ». Ensuite, elle promouvrait activement ses principes à l'étranger, en reconnaissant que « les impératifs de la liberté s'appliquent aussi pleinement à l'Afrique qu'à l'Amérique latine et au monde islamique tout entier ». Enfin, elle ferait le nécessaire pour rester la seule superpuissance mondiale. Selon les mots du président : « Notre pays possède et compte maintenir des forces militaires sans rivales : de cette façon, les courses déstabilisatrices aux armements des époques passées deviendront caduques, et les rivalités resteront circonscrites aux domaines du commerce et d'autres activités pacifiques. » Ainsi, de même que les événements de la fin des années quarante ont produit la philosophie qui a guidé l'Amérique à travers la guerre froide, le 11 septembre et la menace irakienne se sont associés pour produire une doctrine de sécurité nationale qui tient compte des dangers plus vastes du nouveau siècle. La Doctrine Bush donne expression à une vision constructive du leadership américain qui n'est pas conditionnée par l'apparition d'une menace précise et ne se complaît pas dans l'attentisme.

Fin septembre 2002, la Maison-Blanche a publié la *Stratégie de sécurité nationale des États-Unis* qui codifiait les trois principes que le président Bush avait exposés à West Point : action préventive, changement de régime et prééminence américaine. La publication de ce document a marqué le début d'une ère nouvelle, un changement de perception du rôle de l'Amérique comparable à l'avènement de la politique d'endiguement un demi-siècle plus tôt. Il a fait passer la guerre d'une simple opération de police visant à arrêter les auteurs des attentats du 11 septembre à une campagne pour déraciner la tyrannie et exporter la démocratie. Il a également fait des principes d'un internationalisme typiquement américain la politique officielle du gouvernement des États-Unis.

La stratégie de sécurité nationale de George W. Bush présente peu de ressemblances avec les documents d'orientation produits par l'administration Clinton ou par la première administration Bush. Harry Truman ou Ronald Reagan, quant à eux, auraient trouvé familier cet angle d'approche énergique de l'échiquier international. Ce document évoque sans détour la nécessité du rôle pilote de l'Amérique et déclare que nous devons « dissuader nos adversaires potentiels de chercher à renforcer leur arsenal militaire dans l'espoir de surpasser ou d'égaler la puissance des États-Unis[100] ». En même temps, il défend la suprématie américaine en se fondant sur des considérations morales : « Conformément à notre héritage et à nos principes, nous n'employons pas notre force pour obtenir des avantages unilatéraux. Nous cherchons au contraire à établir un équilibre des pouvoirs favorable à la liberté humaine et à instaurer des conditions dans lesquelles toutes les nations et toutes les sociétés peuvent choisir elles-mêmes les récompenses et les défis de la liberté politique et économique. En faisant du monde un endroit plus sûr, nous permettrons aux habitants du monde d'améliorer leurs conditions de vie. »

Pourtant, si la Doctrine Bush est claire sur sa volonté de promouvoir la démocratie, elle est également ancrée dans la réalité de l'intérêt personnel. « Pour déjouer ou empêcher [...] des actions hostiles de la part de nos adversaires, ajoute-t-elle, les États-Unis prendront si nécessaire les devants. » Il n'y a là nulle contradiction. L'accent mis sur l'action préventive vient de la prise de conscience que le monde est devenu trop petit ou trop dangereux pour que l'on puisse se permettre le luxe d'un simple endiguement dans certains cas. Et l'action préventive contre les dictateurs qui mettent au point des armes de destruction massive sert clairement l'intérêt des démocraties. La stratégie de sécurité nationale cherche à réduire le fossé entre les idéaux et les intérêts, entre la moralité et la puissance. Elle réunit en un tout les grands axes d'un internationalisme typiquement américain.

La mission de l'Amérique

De la dissuasion à l'action préventive

Le premier élément de la Doctrine Bush est le constat que l'action préventive est nécessaire dans certaines circonstances. Selon la nouvelle *Stratégie de sécurité nationale*, la dissuasion et l'endiguement ne suffisent plus : « Étant donné les objectifs des États parias et des terroristes, les États-Unis ne peuvent plus s'en tenir à une conduite attentiste comme ils l'ont fait par le passé[101]. » Ils doivent identifier les menaces posées par ceux qui nous veulent du mal et les réduire à néant « avant qu'elles n'atteignent nos frontières ». Pourquoi ? À cause de ce que le président Bush a décrit à West Point comme un monde qui se tient « au confluent du radicalisme et de la technologie », où « des États faibles et des petits groupes pourraient acquérir la capacité catastrophique de frapper les grandes nations ». Cette confluence se manifestait le plus clairement en Irak.

D'aucuns contestent la Doctrine Bush en faisant valoir que l'endiguement – qui repose en définitive sur la dissuasion – est une solution plus mesurée que l'action préventive. L'Irak est jugulé à l'intérieur d'une « boîte » géopolitique, alors pourquoi prendre le risque d'une action préventive et d'une guerre ? Avant d'étudier ce raisonnement, il n'est pas inutile de faire un retour en arrière car ce n'est pas la première fois, loin s'en faut, que l'on nous sert cet argument. Avant l'opération Tempête du désert, nombreux étaient les membres du parti démocrate à affirmer que l'endiguement neutraliserait Saddam. En 1990, le sénateur Tom Harkin s'est déclaré surpris de ce que « certains, même aujourd'hui, disent que Saddam a déjà gagné. Bien au contraire, il perd tous les jours [...]. Préférons-nous attendre, mettons, un an et demi que les sanctions fassent réellement effet ou bien voir peut-être vingt mille Américains perdre la vie dans une guerre qui aurait lieu au début de l'année[102] ? ». Abondant dans ce sens, l'ancien conseiller de Carter pour la sécurité, Zbigniew Brzezinski, a affirmé : « Il faut continuer à appliquer la politique de l'endiguement punitif. Cette politique marche. L'Irak a été dissuadé, frappé d'ostracisme et puni. » Et Madeleine Albright assurait que les résolutions de l'ONU « maintiennent l'Irak dans sa boîte[103] », tandis que le sénateur Carl Levin prétendait que « pour l'instant, l'endiguement marche[104] ». Pour ne pas être en reste, Jimmy Carter nous assurait que « les États-Unis n'ont actuellement rien à craindre de la part de Bagdad[105] ».

La question est la suivante : après s'être tant trompés hier, les partisans libéraux de l'endiguement sont-ils davantage dans le vrai aujourd'hui ? Loin de là. Affirmer que l'endiguement marchait tient du fantasme. Alors qu'en 1999, les exportations illégales de pétrole ne rapportaient à Saddam que 350 millions de dollars environ, elles représentaient récemment quelque trois milliards de dollars par an. La Syrie à elle seule lui achetait quotidiennement en fraude 200 000 barils de pétrole. Bagdad détournait également de l'argent dans le cadre du programme de l'ONU « pétrole contre nourriture » en surfacturant chaque baril vendu, ce qui lui a permis d'encaisser des centaines de millions de dollars. Les compagnies aériennes violaient régulièrement l'embargo contre l'Irak. Les capitales étrangères avaient rétabli l'une après l'autre leurs relations diplomatiques avec Bagdad. Les sociétés chinoises, russes et françaises s'étaient précipitées pour signer des contrats avec Saddam. Les pays arabes, depuis ses anciens ennemis tels que l'Arabie Saoudite et l'Égypte jusqu'aux membres de la Ligue arabe, lui avaient chaleureusement rouvert les bras.

L'armée irakienne avait vu elle aussi sa situation s'améliorer ; elle se procurait des pièces détachées et autres articles interdits auprès de pays comme la Chine et la Serbie, elle développait sa capacité à prendre les appareils alliés pour cible, elle défiait régulièrement les avions de guerre américains et faisait périodiquement des percées vers la frontière koweïtienne. Fait plus important, selon les indications fournies par d'anciens inspecteurs en désarmement, les services de renseignements occidentaux et les transfuges irakiens, Saddam poursuivait son programme d'armes de destruction massive. Le vice-président Dick Cheney synthétisait de la façon suivante la position des partisans de l'endiguement : « Leur raisonnement se résume à ceci : oui, Saddam est aussi dangereux qu'on le dit. Laissons-le juste devenir plus fort avant de faire quoi que ce soit pour l'arrêter[106]. »

Il y avait deux avenirs possibles. Le premier, selon l'ancien inspecteur en désarmement Charles Duelfer, « est un Irak qui continue dans la même voie et sous le même régime, avec ses ressources en armes de destruction massive, les moyens de pression que lui offre une production de quatre ou cinq millions de barils de pétrole par jour, ses antécédents, son bellicisme, sa volonté d'exercer sa domination non seulement sur son propre peuple mais aussi sur ses voisins ». Le deuxième « est un Irak positif, un Irak doté d'un gouvernement dont le comportement soit plus en conformité avec les normes internationales » et qui pourrait être « le moteur du développement au Moyen-Orient[107] ». Il va sans dire que cette dernière solution était impossible tant que le pays était dirigé par Saddam.

Bien évidemment, l'opposition à l'invasion de l'Irak ne venait pas uniquement de la gauche. À l'automne 2002, des personnalités éminentes qui avaient servi le premier président Bush s'étaient répandues sur les ondes et dans les pages de libre expression des journaux pour protester à grands cris contre une action militaire. Dans l'ensemble, leurs arguments étaient fondés sur la dissuasion, l'idée que le vaste arsenal de l'Amérique pourrait empêcher Saddam d'avoir recours au sien. « Faire du chantage en menaçant d'utiliser [ses] armes, et à plus forte raison les utiliser réellement », a écrit Brent Scowcroft dans le *Wall Street Journal*, « l'exposerait, lui et tout son régime, à une réponse dévastatrice de la part des États-Unis. Si Saddam est un être profondément malfaisant, il est aussi mû, plus que tout, par l'instinct de survie et la soif de pouvoir[108] ». Ou, comme l'a affirmé l'éditorialiste conservateur Steve Chapman : « Inutile de se demander s'il peut être dissuadé d'employer ses armes de destruction massive. Il l'est déjà[109]. »

Les arguments des réalistes sont stériles. La logique de la dissuasion, en particulier la perspective de représailles massives, a fonctionné comme prévu pendant la guerre froide. À l'époque, la certitude absolue que l'Amérique et l'Union soviétique pouvaient s'anéantir mutuellement en appuyant sur un bouton les a empêchées l'une comme l'autre de passer à l'acte. Mais le système tout entier reposait sur l'hypothèse que les dirigeants soviétiques étaient foncièrement rationnels, et prudents qui plus est. En effet, pour brutaux qu'ils aient pu être, Khrouchtchev, Brejnev et Gorbatchev ne souhaitaient pas voir leur pays réduit en cendres dans un duel nucléaire. Subordonnée, comme c'était le cas, à un semblant de santé mentale chez l'adversaire, la dissuasion aurait-elle pu fonctionner avec Saddam ?

Force est de constater que celui-ci a fait preuve d'un goût du risque pathologique. Toutes les théories sur la dissuasion ne l'ont pas empêché d'attaquer l'Iran en s'imaginant à tort que ce pays capitulerait rapidement, de s'en prendre à Israël dans l'espoir infondé que cela ferait éclater le soutien arabe à la coalition alliée menée par l'Amérique, et d'envahir le Koweït en supposant que les États-Unis ne réagiraient pas. Chose tout aussi importante, il a fait le vide autour de lui et dépendait pour son information de courtisans serviles qui partageaient ses illusions. La *Gulf War Air Power Survey*, analyse officielle de l'opération Tempête du désert par l'armée de l'air américaine, décrit ses calculs de la manière suivante : « L'arrogance dont souffraient Saddam et ses généraux et qui s'est manifestée par une propension à exagérer les capacités irakiennes et à sous-estimer celles de ses ennemis a eu un impact non négligeable sur son appréciation de l'équilibre des forces[110]. »

Sa capacité à voir les choses clairement a été encore affaiblie par sa foi dans les devins – qui lui ont dicté la moindre de ses actions pendant la guerre du Golfe –, son manque d'informations crédibles sur les intentions américaines, son irresponsabilité, mais surtout sa suprême irrationalité. « Si l'on ne peut pas comprendre totalement les actes des autres avant de savoir ce qu'ils savent, alors pour apprécier ces actes à leur juste valeur il faut évaluer non seulement les informations que ces personnes ont eues à leur disposition mais l'esprit à travers lequel elles ont été filtrées[111] », a fait remarquer un jour Walter Lippmann. Pour avoir un effet dissuasif efficace sur Saddam, nous aurions donc dû comprendre l'esprit à travers lequel il filtrait ses informations. Comme cadre de référence pour la dissuasion, voilà qui était bien précaire.

Brent Scowcroft pouvait bien penser que Saddam ne se servirait jamais de son arsenal mortel. Mais avant que nous ne l'envoyions arracher à ce dernier un accord sur la maîtrise des armements, notre ancien conseiller pour la sécurité aurait dû nous expliquer de manière bien plus convaincante comment des armes de destruction massive transforment un dictateur du tiers-monde en théoricien capable de faire des choix rationnels. Évoquant « l'élément "psychologique" de la dissuasion, dont dépend tout le reste », Jonathan Schell, doyen des militants antinucléaires, note que chez un dirigeant, « l'état d'esprit – sa santé mentale, sa prudence, sa maîtrise de soi, sa lucidité – est le véritable fondement de la survie de son pays et de tous les autres. En bref, il doit décider que le monde dans lequel il vit n'est pas un monde dans lequel l'agression paie[112] ». Nul besoin de préciser que « santé mentale », « prudence » et « maîtrise de soi » ne sont pas les premiers mots qui viennent à l'esprit quand on pense à Saddam.

En tout état de cause, il était parfaitement logique pour lui d'accumuler un vaste arsenal si son objectif était de dominer la région et d'avoir un effet dissuasif sur les États-Unis. Nous étions d'autant plus en mesure d'attaquer l'Irak en prenant un risque minimal car Saddam ne possédait pas encore la bombe atomique. S'il l'avait eue, l'équation aurait changé : l'arme de la dissuasion aurait été tournée contre nous. Pour le prouver, inutile de chercher plus loin que la Corée du Nord. Après que celle-ci a annoncé qu'elle possédait du matériel nucléaire, Mary McGrory du *Washington Post* s'est demandé « pourquoi nous devons bombarder, envahir et occuper l'Irak alors que la Corée du Nord a droit à un traitement trois étoiles[113] ». La réponse est évidente : Saddam n'avait pas encore la bombe. Si cela avait été le cas, cela lui aurait donné, comme à la Corée du Nord, la capacité de « faire chanter » ou d'empêcher les États-Unis d'agir, et il aurait eu droit lui aussi à un « traitement trois étoiles ». Le désir de fabriquer une bombe était donc on ne peut plus logique. Muni d'un armement nucléaire, un Saddam rationnel aurait pu tout aussi facilement nous dissuader de répondre à ses provocations qu'un Saddam irrationnel. Il aurait pu alors donner libre cours à son bellicisme ou se lancer dans un chantage régional avec la conviction que les États-Unis renonceraient à agir contre lui par crainte des pertes en vies humaines pour leurs alliés ou pour eux. D'où le triste choix offert par les partisans de la dissuasion : partir du principe que Saddam était fou et attendre qu'il ait assemblé les outils de l'agression, ou partir du principe qu'il était sain d'esprit et attendre qu'il ait assemblé les outils de l'agression.

Les analystes attachés aux vieilles idées sur la dissuasion semblent oublier une chose : le monde a changé depuis la guerre froide et avec lui la nature des dangers qui menacent les États-Unis. Hormis la fin du communisme soviétique, le plus grand changement a été la multiplication du nombre de pays qui possèdent des armes de destruction massive et les missiles pour les transporter. Ces dernières années, l'Inde et le Pakistan ont déclenché un total de douze explosions atomiques, le Pakistan, l'Iran, la Corée du Nord et la Chine ont procédé à des tirs d'essai de missiles balistiques, la Syrie et la Libye (et l'Irak, avant la défaite de Saddam) sont actuellement au travail sur des programmes de fabrication de missiles, la Chine, la Russie et la Corée du Nord continuent à exporter la technologie des missiles balistiques dans tout le Moyen-Orient. Les dirigeants américains ont été lents à prendre conscience du danger. En 1998 encore, le chef d'état-major des armées Henry Shelton déclarait que « les services de renseignements peuvent nous alerter » si l'un de ces pays se dotait « de missiles balistiques intercontinentaux susceptibles de menacer les États-Unis[114] ». Une semaine après la déclaration de Shelton, et sans le moindre avertissement de la part des services de renseignements, la Corée du Nord a démontré sa capacité dans ce domaine en lançant une fusée à trois étages au-dessus du Japon. Les analystes des renseignements ont promptement abandonné leur nonchalance. « La probabilité qu'un missile chargé d'armes de destruction massive puisse être utilisé contre les forces ou les intérêts américains est plus élevée aujourd'hui qu'elle ne l'a été durant la plus grande partie de la guerre froide et elle ne va pas cesser d'augmenter[115] », affirme une étude réalisée à la demande de la CIA en 2000.

Naturellement, tous ces pays ne sont pas dirigés par des tyrans instables comme Saddam Hussein. En fait, le problème de la dissuasion à une époque de prolifération des armements provient moins de la nature d'un régime donné que de la nature de la prolifération même. Si, comme l'a écrit Henry Kissinger, la dissuasion était « à peine plausible quand il n'y avait qu'un adversaire nucléaire[116] », elle l'est à l'évidence encore moins aujourd'hui. Ceci parce qu'en ces temps de prolifération les chiffres sont devenus bien moins favorables aux États-Unis. Au lieu de parier qu'un adversaire unique se conduira de façon raisonnable, nous faisons maintenant reposer notre survie sur l'espoir qu'ils seront six ou sept à le faire. Et ce chiffre prend uniquement en compte ceux que nous savons où trouver. Beaucoup des ennemis les plus dangereux de l'Amérique sont, comme Al-Qaïda, des acteurs non étatiques. Puisque leurs sinistres réseaux de la terreur n'ont pas d'adresse, il est presque impossible de les dissuader d'agir. De même qu'il est presque impossible de faire obstacle à des États qui utiliseraient les groupes terroristes comme vecteurs. Tout cela sans parler de la moralité douteuse qu'il y a à adopter volontairement une doctrine de destruction mutuelle dans laquelle nous exposons nos civils et ceux des régimes hostiles à l'anéantissement. Du reste, comme le 11 septembre aurait dû nous l'apprendre, beaucoup de nos ennemis sont résolus au suicide et donc, par définition, impossibles à dissuader.

Si l'endiguement et la dissuasion ne suffisent plus, alors l'Amérique a clairement besoin d'un nouveau plan de route. Dans les cas où ces deux méthodes échouent, comme avec des sociopathes du genre de Saddam et des groupes terroristes tels qu'Al-Qaïda, l'action préventive est pour notre pays une manière évidente de défendre ses citoyens. Hélas, le débat qui a fait rage autour de cette idée l'a obscurcie plus qu'il ne l'a clarifiée. Tout d'abord, ce n'est pas un élément nouveau de la stratégie américaine. Au contraire, la menace et la possibilité d'une action préventive font partie intégrante de cette stratégie depuis plus d'un siècle. Ensuite, sa signification est simple. Agir préventivement signifie frapper le premier. Et comme le président Bush l'a expliqué à maintes reprises, éviter un autre 11 septembre peut nécessiter en de rares occasions que les États-Unis prennent les devants. En de rares occasions seulement. La frénésie médiatique suscitée par l'action préventive a occulté le fait que celle-ci occupe une place limitée dans la stratégie de sécurité nationale du président. L'administration a souligné de manière répétée qu'elle ne s'applique que « dans un petit nombre de cas » où, comme le dit Colin Powell, « il existe une menace qui ne répond pas comme le faisaient les menaces précédentes[117] ».

Les détracteurs du président prétendent qu'en élevant au rang de politique officielle ce qui n'était qu'une possibilité tacite, Bush bafoue à la fois les principes du droit international et des décennies de stratégie militaire américaine. « L'action préventive [...] est totalement contraire à la culture politique et stratégique des États-Unis[118] », a écrit l'année dernière le spécialiste de la défense Frank Hoffman dans un essai publié par le Center for Defense Information, une organisation de gauche. De son côté, l'ancien chef de la majorité républicaine à la Chambre des représentants, Dick Armey, déclare que l'action préventive « serait incompatible avec ce que nous avons été ou ce que nous devrions être en tant que nation[119] ». Sans compter que « cette doctrine a pour résultat de réduire à néant l'objectif d'un monde dans lequel les États se considèrent soumis aux règles du droit[120] », si l'on en croit Al Gore.

Les détracteurs de la Doctrine Bush font fausse route. Le droit international, la pratique des États et l'histoire américaine présentent bien des précédents. Qu'elle s'appelle « attaque préventive », « défense légitime par anticipation » ou tout simplement « action préventive », les nations ont recours à cette arme sous une forme ou une autre depuis des siècles. Ses origines remontent au père du droit international, Hugo Grotius, qui a écrit au dix-septième siècle: « Il est légal de tuer celui qui se prépare à tuer. » Dans le même esprit, Thomas More a affirmé: « Si un prince étranger prend les armes et se prépare à envahir leurs terres, ils l'attaquent immédiatement en force à l'extérieur de leurs propres frontières. » En Amérique, la légitimité de l'action préventive a été défendue par le secrétaire d'État Elihu Root, fondateur de la Société américaine de droit international, qui a proclamé en 1914 « le droit de tout État souverain d'assurer sa protection en empêchant qu'apparaisse une situation dans laquelle il serait trop tard pour le faire[121] ».

Aujourd'hui, le fondement juridique de l'action préventive est devenu si large qu'il permet des actes de légitime défense par anticipation bien avant qu'une attaque ne devienne imminente. Ainsi que l'écrit le politologue Richard Regan: « Une nation potentiellement victime n'a pas besoin d'attendre qu'un agresseur en puissance soit prêt à une attaque immédiate pour être fondée à le frapper préventivement [...]. De même, elle n'a pas besoin d'attendre que l'agresseur potentiel ait accumulé des armes nucléaires ou chimiques pour être fondée à attaquer les usines qui produisent ces armes de destruction[122]. »

Dans le cas de l'Irak, les États-Unis n'ont même pas besoin de faire valoir leurs droits à l'action préventive. En attaquant l'Irak, ils n'ont fait après tout qu'assurer l'application de toute une panoplie de résolutions de l'ONU dont Saddam n'a pas tenu compte ou qu'il a violées. Dans ce sens, l'intervention en Irak a plus contribué à soutenir le droit international qu'à l'affaiblir.

Naturellement, la pratique réelle des États constitue un critère important du droit international. Or, depuis l'adoption de la charte des Nations unies, ils ont été nombreux à employer l'action préventive. Parmi eux, et non des moindres, les États-Unis. Un cas en particulier a récemment attiré l'attention de nombreux commentateurs et, semble-t-il, du président. Pendant la crise de Cuba en 1962, le président John F. Kennedy a sérieusement envisagé des frappes aériennes pour détruire les rampes de lancement de missiles installées à Cuba par les Soviétiques. Constatant que les armes de destruction massive avaient brouillé la frontière entre menace immédiate et menace naissante, Kennedy a déclaré : « Nous ne vivons plus dans un monde où seule l'utilisation réelle des armes représente un défi suffisant à la sécurité d'une nation pour constituer un danger maximum. Les armes nucléaires sont si destructrices et les missiles balistiques si rapides que toute augmentation substantielle d'un possible emploi ou tout changement soudain dans leur déploiement pourraient être considérés comme une menace certaine pour la paix. »

À cet égard, en mettant l'accent sur le nouveau danger que représente la rencontre du radicalisme et de la technologie, Bush rejoint la position défendue par Kennedy il y a quarante ans. Ce nouveau danger nécessite d'être prêt à envisager une action préventive contre nos ennemis. Comme l'a déclaré Henry Kissinger : « [aujourd'hui] les victimes potentielles ne peuvent pas attendre que la menace se soit concrétisée. L'action préventive va de pair avec la technologie et l'idéologie du vingt et unième siècle[123] ».

Il y a quarante ans, après des discussions approfondies entre ses conseillers, le président Kennedy a rejeté le conseil d'attaquer Castro. Mais il s'est engagé dans une autre forme d'action préventive : le blocus militaire de Cuba pour empêcher la livraison des missiles soviétiques. Même si ceux-ci étaient susceptibles de menacer les États-Unis, ils ne posaient pas le risque d'une attaque imminente. Les États-Unis ont quand même agi pour empêcher leur activation. Vingt ans plus tard, à Grenade et à Panama, Washington est allée plus loin. Dans le premier cas, le président Reagan a invoqué la sécurité des étudiants américains en médecine pour justifier l'invasion ; mais il a aussi fait clairement savoir que l'objectif principal était de débarrasser Grenade d'une influence soviétique croissante. De la même manière, le président Bush a justifié l'invasion de Panama en 1989 comme une réponse à des menaces contre les vies et les biens américains ; mais des fonctionnaires de son administration ont ouvertement concédé que le véritable but était d'empêcher un dictateur instable de prendre le contrôle du canal de Panama.

Curieusement, compte tenu de l'hostilité que rencontre la Doctrine Bush, c'est l'administration Clinton qui, la première, a établi le lien entre la prolifération des armes de destruction massive et le besoin d'agir préventivement pour s'en protéger. En décembre 1993, le secrétaire à la Défense Les Aspin a lancé un programme de contre-prolifération où figuraient des mesures visant à prévenir une attaque, notamment par la mise au point d'armes capables de pénétrer dans des bunkers souterrains pour détruire des arsenaux chimiques et biologiques. Moins d'un an plus tard, le successeur d'Aspin, William Perry, a menacé d'agir préventivement pour éliminer la capacité nucléaire croissante de la Corée du Nord. En faisant de l'action préventive une forme de défense légitime, chacun de ces deux exemples annonçaient la Doctrine Bush. Cependant, l'équipe Clinton a poussé l'idée plus loin.

« L'action préventive sous la forme d'une intervention, comme nous aurions peut-être dû le faire au Rwanda ou au Kosovo, doit être envisagée quand la menace contre les États-Unis ou nos alliés n'est pas imminente », explique le stratège Robert Killebrew. « Les cas les plus graves impliquent l'action préventive en tant que protection, lorsqu'un Saddam Hussein met la main sur un stock de missiles qui transportent des armes de destruction massive avec une portée régionale ou intercontinentale[124]. » La distinction entre les actes qui visent à prévenir les menaces imminentes et ceux qui visent à prévenir les menaces moins imminentes est importante. Dans des endroits comme Haïti, la Bosnie et le Kosovo, l'administration Clinton a employé la force pour protéger les citoyens de ces nations et leurs voisins alors qu'il n'existait pas de menace directe contre les États-Unis. Le parti démocrate a même inscrit cette forme d'intervention préventive dans son programme électoral de 2000 : « L'engagement par anticipation signifie affronter les problèmes à un stade précoce de leur développement, avant qu'ils ne se transforment en crises, s'y attaquer aussi près de la source que possible et disposer des forces et des ressources nécessaires pour y faire face aussi vite que possible après leur apparition[125]. » À la fin des années quatre-vingt-dix, le secrétaire général des Nations unies Kofi Annan pouvait applaudir « la tendance naissante à l'intervention pour protéger les civils du massacre[126] ».

Ainsi, sous plusieurs points de vue, l'administration Bush suit les traces de son prédécesseur. « Ce qu'on voit dans cette administration, c'est l'apparition d'un nouveau principe ou d'un ensemble d'idées [...], sur ce qu'on pourrait appeler les limites de la souveraineté », a déclaré Richard Haass, membre de l'équipe Bush, dans une interview au *New Yorker*: « La souveraineté implique des obligations. L'une d'elles est de ne pas massacrer son propre peuple. Une autre est de ne pas soutenir le terrorisme de quelque manière que ce soit. Si un gouvernement ne remplit pas ces obligations, il perd certains des avantages attachés à la souveraineté, notamment le droit qu'on le laisse en paix sur son territoire. Les autres gouvernements, et notamment les États-Unis, acquièrent dès lors le droit d'intervenir[127]. »

À l'extérieur des États-Unis aussi, l'action préventive est un outil bien connu. L'exemple sans doute le plus célèbre, et le plus réussi, est l'attaque de la centrale nucléaire irakienne d'Osirak par l'aviation israélienne en 1981. Cette opération, est-il besoin de le dire, n'avait pas été autorisée par les Nations unies. L'ONU l'a d'ailleurs condamnée, de même que les États-Unis et la Grande-Bretagne. « L'attaque-surprise des Israéliens contre un réacteur nucléaire de fabrication française près de Bagdad était un acte d'agression inexcusable et à courte vue[128] », a déclaré le *New York Times*. Elle n'en était pas moins sage, et elle n'en était pas moins juste. Si Israël n'avait pas détruit le réacteur, Saddam se serait doté d'une capacité nucléaire bien avant la guerre du Golfe; la chose a été estimée à sa juste valeur par plusieurs personnes dont le vice-président Dick Cheney, qui a exprimé ses remerciements à Israël à la fin de la guerre et salue aujourd'hui cette attaque comme un modèle pour l'action américaine. Le communiqué dans lequel les Israéliens ont annoncé le raid en décrivait l'objectif simplement : « Nous ne permettrons en aucune circonstance à l'un de nos ennemis de mettre au point des armes de destruction massive contre notre peuple[129]. » Autrement dit, le raisonnement était identique à celui actuellement employé par les États-Unis. « Le jugement de l'histoire devrait nous dicter notre jugement aujourd'hui », selon l'ancien premier ministre israélien Benyamin Nétanyahou. « Israël a-t-il lancé cette frappe préventive parce que Saddam avait commis un acte terroriste précis contre nous ? Avons-nous coordonné nos actions avec la communauté internationale ? Avons-nous subordonné cette opération à l'accord des Nations unies ? Non. Israël a agi seul parce que nous comprenions qu'un Saddam Hussein en possession de l'arme nucléaire constituerait un danger pour notre survie même[130]. » Osirak représente le modèle même de l'action préventive, une action entreprise en présence d'une menace claire mais nullement imminente et malgré les vociférations de la communauté internationale.

Ainsi, l'une des vertus de l'action préventive est qu'elle est souvent moins coûteuse que l'alternative. Ainsi que l'a dit Condoleezza Rice : « L'histoire regorge d'exemples d'inaction qui ont eu des conséquences très graves pour le monde. Qu'il nous suffise de regarder en arrière et de nous demander combien de dictateurs, qui en sont arrivés à représenter un danger planétaire et à tuer des milliers, voire des millions de gens, nous aurions pu arrêter net[131]. » Mais pour beaucoup de gens l'action préventive reste taboue. C'est essentiellement une tactique unilatérale et, pour certains libéraux, cela la discrédite d'office en tant qu'outil de politique étrangère. « Je suis convaincue qu'une action en Irak en ce moment, sans le soutien des alliés ni des Nations unies, serait un tort moral et une erreur politique[132] », a affirmé le sénateur Dianne Feinstein en septembre 2002. Le chef de la majorité démocrate au Sénat Tom Daschle a averti que l'action unilatérale, à laquelle il affirmait qu'il n'apporterait jamais son soutien, pourrait avoir des « conséquences extrêmement funestes[133] ». Pour étayer leur thèse, les libéraux peuvent mettre en avant les sentiments de la communauté internationale. Le roi Abdallah de Jordanie déclare : « Tout le monde dit que c'est une mauvaise idée[134]. » Manifestant l'opposition de son pays, le chancelier allemand Gerhard Schröder jure formellement que « l'Allemagne ne participera pas » à une action militaire menée par les États-Unis contre l'Irak car « il nous faut plus de paix et pas plus de guerre[135] ». Au Canada, le premier ministre Jean Chrétien ne voit, lui non plus, aucune raison particulière pour se rallier à l'Amérique. Au contraire : « Nous devons suivre les Nations unies[136]. »

D'un point de vue étroit, les partisans de l'action multilatérale n'ont pas complètement tort. Les États-Unis préféreraient agir de concert avec les autres pays. Non seulement cela conférerait une plus grande légitimité à leurs objectifs de guerre, mais cela rendrait ces objectifs bien plus faciles à atteindre, sinon militairement, du moins financièrement et politiquement. Mais un assentiment multilatéral doit-il être la condition préalable à l'action américaine ? Les États-Unis devraient-ils toujours s'abstenir d'agir unilatéralement ?

Dans le cas de l'Irak, la condition préalable s'est révélée superflue. Le président Bush a demandé et reçu l'approbation des Nations unies – sous la forme d'un vote unanime au Conseil de sécurité – pour une reprise des opérations de désarmement de Saddam. De plus, le dictateur irakien se trouvait déjà en violation d'un catalogue entier de résolutions de l'ONU, ce qui fournissait aux États-Unis un fondement légal plus que suffisant pour une action punitive. Même si les Nations unies avaient refusé de donner à Bush leur bénédiction initiale, les États-Unis, en agissant unilatéralement contre Saddam seraient loin d'être les premiers. Après tout, le président Clinton a eu recours plusieurs fois à la force sans l'accord de l'ONU, et Daschle et ses amis démocrates ne se sont pas privés pour le soutenir. En 1998, par exemple, la France et la Russie ont empêché le Conseil de sécurité d'autoriser une action militaire contre l'Irak pour son obstruction aux missions d'inspection; l'Amérique s'est passée de la permission de l'ONU. Elle ne s'est pas laissée arrêter non plus l'année suivante, quand le Conseil de sécurité a refusé de soutenir une résolution qui demandait que des mesures soient prises pour stopper les méfaits des Serbes au Kosovo. Dans les Balkans, se souvient Richard Holbrooke, conseiller spécial de Clinton pour le Kosovo, l'Amérique « était placée devant un choix simple: agir sans le Conseil de sécurité ou ne pas agir du tout[137] ». Là encore, elle a préféré l'action à l'inaction.

La raison en était simple. Le secrétaire général de l'ONU de l'époque, Boutros Boutros-Ghali, se trompait complètement quand il prédisait, voici dix ans, que l'ONU « pourrait se révéler plus grande que la somme de ses parties[138] ». Hélas, qu'elle ait assisté passivement aux massacres en Bosnie et au Rwanda ou qu'elle soit restée sans mot dire pendant que Saddam foulait au pied ses résolutions, l'ONU s'est révélée considérablement moins grande que la somme de ses parties. Comme le dit un ancien ambassadeur britannique auprès des Nations unies : « Il n'y a rien à redire à la Charte, uniquement à ses membres[139]. »

Il est extrêmement étrange de considérer l'ONU comme une autorité morale supérieure aux États-Unis. Après tout, elle n'est qu'un simple regroupement d'États souverains. Elle ne fait aucune différence entre les systèmes politiques ; une tyrannie est aussi bienvenue qu'une démocratie. Et, loin d'avoir été transformées par elle, ces tyrannies l'ont presque transformée, elle, en une arène où elles servent leurs propres intérêts et font de la propagande pour leurs revendications. De plus, sur les questions de guerre et de paix, les seuls membres des Nations unies qui comptent sont ceux qui siègent au Conseil de sécurité. Parmi les membres permanents – la Chine, la Russie, la Grande-Bretagne, les États-Unis et la France –, trois seulement peuvent prétendre au titre de démocratie éprouvée. Et eux aussi utilisent l'ONU à des fins géopolitiques. Dans le cas de la France, par exemple, il ne s'agit souvent guère plus que de faire obstacle aux États-Unis, exercice qui participe à la fois de l'hypocrisie et de la malveillance. « Alors même que le président Chirac proclamait le caractère sacré de l'autorité des Nations unies sur la décision de faire la guerre[140] », a souligné le *Washington Post* au cours du récent débat sur les inspections en désarmement, « un millier de soldats français intervenaient unilatéralement pour protéger les intérêts de la France en Côte d'Ivoire ».

Tout cela s'est doublement avéré pour l'Irak, où différents pays avaient des raisons personnelles de se montrer tout sauf déterminés face au mal. « La France et la Russie ont transformé les Nations unies en une tribune qui sert leurs purs intérêts », constate Fareed Zakaria de

Newsweek. « Elles utilisent le multilatéralisme comme un instrument pour promouvoir des politiques unilatérales[141]. » La Russie – qui, selon le vice-ministre des Affaires étrangères Alexander Saltanov, a signé des milliards de dollars de contrats avec l'Irak au cours des dernières années – avait un enjeu financier de longue date dans le bien-être de Saddam. La Chine, qui s'est plainte à maintes reprises des atteintes américaines à la souveraineté irakienne, se cramponnait depuis des années (comme elle l'a fait au Kosovo) à l'argument intéressé selon lequel une nation devrait pouvoir faire ce qu'elle veut à l'intérieur de ses frontières. Les États arabes, dont la Ligue a prévenu que l'action américaine contre l'Irak « ouvrirait les portes de l'enfer au Moyen-Orient[142] », craignaient la colère populaire qu'une frappe militaire pourrait déchaîner, et plus encore que cette colère se tourne contre les autres gouvernements de la région, dont pas un ne peut passer pour une démocratie. Quant aux Européens, qui ont fourni à Saddam une grande partie de ses stocks mortels (la France, la technologie nucléaire et l'Allemagne, les agents chimiques), ils semblaient plus soucieux de dégonfler ce que les Français aiment à appeler « l'hyperpuissance » américaine que d'affronter un dictateur malfaisant.

Lorsque les Européens insistaient pour que les États-Unis s'en remettent au consensus de la « communauté mondiale », ils pratiquaient une forme de politique de coercition revêtue du manteau de la moralité. Il n'y a qu'aux Nations unies qu'ils peuvent exercer l'influence qu'ils exerçaient jadis en tant que nations individuelles. Une attaque américaine contre l'Irak, il va sans dire, allait réduire cette influence. Plutôt que criailler contre

« l'hégémonie » américaine, ils pourraient renforcer leurs budgets militaires et s'occuper plus activement d'assurer la stabilité mondiale. Au lieu de cela, ils financent des programmes sociaux et laissent les États-Unis garantir leur sécurité, puis reprochent à leur cousin américain d'être trop agressif.

L'obsession de vouloir obtenir un consensus international en faveur d'une action contre l'Irak a aussi créé une confusion entre la fin et les moyens. Une coalition si large qu'elle aurait pour effet d'empêcher les États-Unis de mener à bien sa mission est une coalition qui n'en vaut pas la peine. Différents pays apportent à une entreprise multilatérale différentes sensibilités et différentes exigences, si bien que plus la coalition s'élargit, plus la marge de manœuvre de l'Amérique se réduit. Et pourquoi aurions-nous sacrifié cette liberté ? Pour que les Français puissent continuer à faire des affaires avec Saddam ? Pour que les Russes puissent être remboursés de la dette qu'il a contractée auprès d'eux ? Pour que les Saoudiens n'aient pas à craindre l'apparition d'une démocratie à leur porte ? Pour que la Syrie et les autres dictatures puissent mettre leur veto à l'action américaine ?

Il y a dix ans, la première administration Bush a réuni une coalition multilatérale pour partir en guerre contre l'Irak. Mais elle l'a fait armée d'une détermination unilatérale à agir, avec ou sans une « coalition des bonnes volontés » à ses côtés. Rien de commun avec la molle tentative de Clinton pour assembler une coalition pendant la guerre en Bosnie en 1993. Plutôt que de diriger, Clinton s'est laissé diriger en envoyant Warren Christopher « consulter » les alliés européens de l'Amérique. Lorsqu'ils lui ont refusé leur soutien, il a choisi de détourner les yeux pendant que les massacres continuaient.

Cependant, pour ses plus fervents partisans, ces inconvénients sont justement l'aspect essentiel du multilatéralisme. Leur préférence pour le multilatéralisme répond à des besoins multiples mais dont la plupart n'ont rien à voir avec la sécurité nationale. Invoquer l'autorité d'organisations comme les Nations unies conforte les sensibilités de ceux qui éprouvent de la répugnance pour les choses militaires mais ont envie de « faire quelque chose ». Cela témoigne de leurs mérites et de leurs bonnes intentions. Cela leur offre l'assurance que la puissance militaire américaine, dont ils continuent à se garder, sert non seulement l'intérêt national des États-Unis mais aussi les intérêts de toute l'humanité. Mieux encore: de ce point de vue, le multilatéralisme peut venir entraver l'emploi de cette puissance, chose que, dans le cas de l'Irak, de nombreux libéraux semblent bien déterminés à faire.

À gauche, beaucoup ont calculé qu'entre l'Irak de Saddam Hussein et l'Amérique de George Bush, c'était cette dernière qui représentait un plus grand danger pour l'ordre mondial. Les libéraux sont nombreux à avoir commis l'erreur « d'être tellement désireux de s'opposer à Bush qu'ils finissent par donner l'impression de soutenir Saddam Hussein[143] », selon les mots de Salman Rushdie. Cette impulsion n'a rien de nouveau. Au moment du Kosovo, l'écrivain libéral David Rieff a dénoncé « le nihilisme utopique d'une gauche qui préférerait voir un génocide en Bosnie et la déportation massive des Kosovars plutôt que de renforcer, si peu que ce soit, l'hégémonie des États-Unis[144] ». Le résultat a été parfaitement décrit par l'essayiste Christopher Hitchens: « À la place de l'internationalisme, on trouve aujourd'hui chez les gens de gauche une sorte d'isolationnisme sans effet, neutraliste et suffisant[145]. »

Si le but est de subordonner la puissance américaine aux inhibitions du consensus mondial, le multilatéralisme avalisé par l'ONU se traduit en pratique par l'isolationnisme. Contrairement aux isolationnistes américains des années trente, qui affirmaient que l'Amérique était trop bien pour le monde, les multilatéralistes d'aujourd'hui prétendent que le monde est trop bien pour l'Amérique et que ce n'est que par l'enchevêtrement de tout un réseau de contraintes internationales que l'on peut mettre un frein à ses pulsions destructrices. Stanley Hoffman, professeur à Harvard, avait déclaré par exemple que sur la question de l'Irak, une coalition constituerait « une source constructive de modération[146] ». Résumant le raisonnement d'Hoffman, l'éditorialiste Charles Krauthammer faisait remarquer que « le multilatéralisme est l'isolationnisme de l'internationaliste[147] ». Cette tendance tient entièrement à l'impression irréductible que l'intérêt personnel de l'Amérique et les intérêts de l'humanité sont foncièrement incompatibles.

Pour ces gens, l'action menée en accord avec la communauté internationale et en son nom, ou strictement fondée sur la légitime défense comme en Afghanistan, passe avec succès l'épreuve de la vertu; l'action contre l'Irak ne remplit aucun de ces critères. « En ce qui concerne le soutien des milieux démocrates aux interventions au Kosovo et en Bosnie, la différence essentielle tient à ce que celles-ci étaient empreintes de désintéressement, alors qu'en Irak les intérêts américains sont directement menacés[148] », expliquait le démocrate internationaliste

Will Marshall. Pour beaucoup de gens, cela rendait une intervention impossible. Anthony Lewis, Michael Walzer et d'autres auteurs opposés à l'emploi de la force contre l'Irak ont exprimé leur appui aux efforts américains au Kosovo parce que, comme l'a approuvé Walzer, « à l'évidence, la sécurité nationale américaine n'est pas en jeu[149] ». Tandis qu'à droite beaucoup ont refusé de soutenir les opérations aériennes dans les Balkans parce qu'ils n'y discernaient pas d'intérêt national (ce en quoi ils avaient tort), l'approbation des démocrates libéraux s'est fondée précisément sur ce qu'ils prétendaient être l'absence d'un tel intérêt.

Il existait bien sûr de puissants arguments moraux et humanitaires en faveur d'un changement de régime en Irak. Ils brillaient par leur absence dans la longue liste des arguments contre l'invasion mis en avant par des libéraux à qui l'on pouvait autrefois faire confiance pour invoquer des valeurs morales. Il est piquant de noter que ce qui passe pour une conscience morale élevée chez les opposants à l'action (qu'ils soient de gauche ou de droite) n'est en fait rien d'autre qu'un refus d'assumer leurs responsabilités morales. Après tout, il n'y a rien de réactionnaire à vouloir débarrasser le monde d'un dictateur qui gaze son propre peuple, envahit ses voisins, fabrique des armes de destruction massive et traite par le mépris toute une série de résolutions de l'ONU. Comme l'a déclaré un éditorialiste du *New Republic* : « L'important n'est pas de savoir si les autres pays sont d'accord avec les États-Unis, mais si ces autres pays ont raison[150]. » Dans le cas de l'Irak, ils avaient tort.

La mission de l'Amérique

De l'endiguement au changement de régime

Le second principe de la Doctrine Bush est le changement de régime : la prise de conscience qu'il est impossible pour les États-Unis de coexister pacifiquement avec des gouvernements qui cherchent à fabriquer des armes de destruction massive, menacent leurs voisins et brutalisent leurs citoyens. La Doctrine Bush se réserve le droit de provoquer la chute de ces régimes, que ce soit par des moyens diplomatiques ou militaires.

Comme pour l'action préventive, d'aucuns dénoncent cette tactique qu'ils considèrent comme une preuve « d'unilatéralisme », « d'impérialisme » et « d'orgueil démesuré ». Mais est-ce vraiment si condamnable de vouloir renverser des despotes qui possèdent l'arme nucléaire ? La réponse dépend en grande partie de ce qui se passe après. Sur ce point, la Doctrine Bush est très claire : l'objectif final d'un changement de régime est la démocratie libérale. C'est pourquoi la *Stratégie de sécurité nationale* affirme que les États-Unis « se feront les champions des aspirations à la dignité humaine et contrecarreront ceux qui s'y opposent » en établissant « un équilibre des pouvoirs favorable à la liberté humaine : des conditions dans lesquelles toutes les nations et toutes les sociétés peuvent choisir elles-mêmes les récompenses et les défis de la liberté politique et économique[151] ». Établir une démocratie libérale en Irak est l'un des principaux objectifs de la campagne menée par l'administration Bush contre Saddam. « La liberté du peuple irakien est une grande cause morale et un grand objectif stratégique[152] », a déclaré le président à Cincinnati. Pourquoi un objectif stratégique ? Parce que « les sociétés libres n'intimident pas au moyen de la cruauté et de la conquête, et les sociétés ouvertes ne menacent pas le monde d'assassinat massif ». Cette affirmation est plus qu'une simple formule. C'est la vérité.

Naturellement, bien peu de personnalités défendaient explicitement Saddam ou contestaient le bien-fondé d'un changement de régime en Irak. Mais les sceptiques mettaient en question la possibilité de se débarrasser du dictateur. Reprenant un vieux scénario qui date d'avant l'opération Tempête du désert, certains des détracteurs de Bush, essentiellement des réalistes étroits, ont relancé l'idée que la guerre « déstabiliserait » l'Irak et peut-être même la région tout entière. La mise en garde faite par Colin Powell il y a dix ans – « voir l'Irak fragmenté entre des entités politiques sunnites, chiites et kurdes séparées n'aurait pas contribué à la stabilité que nous voulions au Moyen-Orient[153] » – est revenue à la mode. Mieux vaut un Irak en un seul morceau que l'instabilité : tel était l'argument, même si la seule colle disponible se trouvait être Saddam Hussein. Brent Scowcroft prévenait qu'une invasion « aurait des conséquences funestes pour la région[154] ». Parmi elles, « une explosion de colère contre nous » et une menace pour « la stabilité et la sécurité dans une région névralgique ». Le collègue de Scowcroft dans la première administration Bush, Lawrence Eagleburger, prévenait de façon similaire que les États-Unis se retrouveraient empêtrés dans un « bourbier[155] » et se demandait « comment [ils allaient] faire face aux conséquences[156] ». L'avenir incertain de l'Irak, par opposition à son présent totalitaire, était devenu la grande préoccupation de nombreux réalistes. « Que se passera-t-il après l'invasion militaire ? », se lamentait le sénateur Chuck Hagel. « Qui dirigera l'Irak ? Les Américains ont-ils vraiment envie de maintenir l'ordre à Bagdad pendant les vingt ou trente années qui viennent[157] ? »

Derrière ces jérémiades se tapit une realpolitik étroite à laquelle souscrivent ces mêmes Metternich qui, au nom de la « stabilité », ont insisté pour que nous ne bouleversions pas l'ordre irakien il y a dix ans. De la part de réalistes comme Scowcroft, la préférence pour l'ordre au préjudice de la liberté, que ce soit en Union soviétique, en Chine ou en Yougoslavie, n'a rien de nouveau. Mais c'est en Irak que la tendance à confondre la stabilité internationale avec la bonne santé des dictatures antiaméricaines trouvait sa plus pure expression. Pourtant, est-il vraiment nécessaire de souligner que l'Irak de Saddam n'appartenait pas au Concert de l'Europe ? Le régime de Saddam était une dictature brutale qui, en agressant ses voisins et en persécutant ses citoyens, avait justement précipité la région dans cette instabilité que Scowcroft et d'autres prétendent craindre. Il y a longtemps que nous avons dépassé le point où la perspective d'un Irak fragmenté constitue un plus grand fléau que la présence de Saddam Hussein. Il est possible, bien sûr, que les choses deviennent pires sans lui. Mais vu ce qui s'y passait, on a du mal à imaginer comment. Vouloir défendre la stabilité d'un gouvernement dont la chute provoquerait la liesse des Irakiens dépasse l'entendement. Surtout que, loin de déstabiliser la région, remplacer Saddam Hussein doit permettre à terme une plus grande stabilité.

Néanmoins, Powell et d'autres prétendaient que si les États-Unis s'aliénaient les sunnites du centre de l'Irak en renversant Saddam, le pays pourrait plonger dans le chaos. (Powell a défendu la même thèse pendant la guerre en Afghanistan, à tort d'ailleurs, au sujet de l'ethnie pachtoune qui commandait les talibans.) Cependant, l'argument d'une possible tempête ethnique est encore plus sujet à caution que dans le cas de l'Afghanistan. Contrairement aux talibans, Saddam bénéficiait de très peu de soutien dans les différentes ethnies, sunnites inclus, et l'opposition irakienne elle-même est une force multiethnique. Ce qui a amené les Kurdes et les chiites au bord de la révolte ouverte n'est pas tant leur désenchantement vis-à-vis de l'idée d'une nation irakienne que leur révolte face au massacre de centaines de milliers d'entre eux par le gouvernement de Saddam. L'Irak était déjà un État multi-ethnique et multireligieux avant l'arrivée de Saddam au pouvoir, et comme le souligne la spécialiste de l'Irak Phebe Marr, « l'immense majorité de la population, à l'exception peut-être d'une poignée de Kurdes, a régulièrement manifesté un profond désir de garder un État uni et de profiter de ses amples ressources[158] ». Rejoignant cette position, le directeur exécutif de la Fondation irakienne, Rend Rahim Francke, déclarait : « Il n'y aura pas de guerre civile en Irak. C'est contraire à l'histoire irakienne, l'Irak ne connaît pas de conflits séculaires entre communautés comme c'était le cas dans les Balkans ou en Afghanistan [...]. L'Irak n'éclatera pas et il ne sera pas démembré. Les Kurdes n'ont épargné ni leurs mots ni leurs efforts pour expliquer et souligner qu'ils veulent continuer à faire partie de l'Irak. Les chiites, loin de souhaiter faire sécession, se considèrent comme l'exemple type du patriote irakien[159]. »

On pourrait même plutôt avancer l'argument que l'objectif d'un Irak uni est susceptible d'aller à l'encontre de l'objectif d'un Irak stable. « Une façon de concilier l'intégrité territoriale et la stabilité politique est de décentraliser l'autorité gouvernementale après la guerre[160] », recommande Michael Mandelbaum de l'université John Hopkins. Plus précisément, faire de l'Irak une fédération. Les précédents ne manquent pas dans l'histoire irakienne ; avant que Bagdad obtienne son indépendance de la Grande-Bretagne, d'éminents Irakiens avaient approuvé cette idée. Avec cette solution, le gouvernement central contrôlerait toujours la majeure partie des leviers du pouvoir, mais chaque communauté ethnique disposerait d'une autonomie limitée – et elle aurait la liberté de parler sa langue, de célébrer ses coutumes et de pratiquer ses croyances religieuses.

Mais il y a plus important que la configuration exacte de l'Irak dans l'après-Saddam : la détermination des États-Unis à y jouer un rôle de premier plan. Cette tâche sera nettement facilitée par les vastes réserves pétrolières que recèle le pays. Dès que le pétrole recommencera à couler, le fardeau de la reconstruction de l'économie irakienne s'allégera considérablement. De plus, les pays du Golfe et les principaux consommateurs de pétrole irakien en Asie et en Europe pourraient certainement réunir des fonds à cet effet. La perspective de pouvoir partager ces ressources, des ressources contrôlées jusqu'ici par Saddam Hussein, constitue aussi pour les différents groupes ethniques irakiens une puissante incitation à garder leur allégeance à l'État.

Les États-Unis devront peut-être occuper l'Irak pendant un certain temps. Même si, comme en Afghanistan, les Nations unies, les Européens et les pays arabes fournissent des troupes, la responsabilité principale incombe sans nul doute au pays qui a libéré Bagdad. Selon une estimation, soixante-quinze mille soldats américains pourraient être nécessaires pour maintenir l'ordre après la guerre, avec un coût de seize milliards de dollars par an. À mesure que les forces des autres pays arriveront et que l'Irak reconstruira son système économique et politique, ces effectifs pourront probablement être réduits pour passer à quelques milliers de soldats au bout d'un an ou deux.

Une fois Saddam vaincu et l'Irak occupé, installer un gouvernement respectable et démocratique à Bagdad devrait être une tâche faisable pour les États-Unis. Sauf si l'on en croit certains réalistes. L'éditorialiste de *Time* Michael Elliott s'esclaffait: « Le président a déclaré attendre avec impatience le jour où “le peuple de l'Irak” pourra rejoindre “un Afghanistan démocratique et une Palestine démocratique” pour inspirer des réformes dans tout le monde musulman [...]. Mais il y a un problème avec la vision de Bush: elle devra être imposée de l'extérieur[161]. » Dans le même esprit, Shibley Telhami, analyste du Moyen-Orient à la Brooking Institution, affirmait dans le *New York Times*: « on ne peut pas imposer la démocratie par la force militaire, même si celle-ci est employée avec succès pour chasser les dictateurs antidémocratiques[162] ».

Vraiment ? Et le Japon, et l'Allemagne, et l'Autriche, et l'Italie, et Grenade, et la République dominicaine, et le Panama, pour ne citer que quelques-unes des nations dont les systèmes démocratiques ont été « imposés » au départ par les soldats américains ? Qui plus est, l'Irak, peut-être plus que tout autre État de la région, est mûr pour la démocratie. Pour preuve, il suffit de regarder le Nord du pays où, sous la protection des patrouilles aériennes américaines, l'opposition dirigeait déjà une démocratie florissante. L'Irak possède l'un des taux d'alphabétisation les plus élevés de la région, une classe moyenne urbanisée et d'autres critères démographiques généralement propices à la démocratie. L'organisme qui regroupe les exilés, le Congrès national irakien, travaille déjà à la forme que prendra le gouvernement d'après-guerre. Selon l'un des membres fondateurs du CNI, Laith Kubba, les principaux objectifs seront de « créer une assemblée constitutionnelle dotée d'un programme cohérent, d'organiser un référendum libre et régulier sur la ratification et, à terme, de briguer le pouvoir par l'intermédiaire du système électoral[163] ». L'administration Bush, elle aussi, a élaboré des projets pour un Irak démocratique – une nation représentée par « un gouvernement démocratique et pluraliste [...], où les droits fondamentaux de tous les groupes ethniques et religieux sont reconnus et protégés[164] », selon le vice-président Cheney.

La création d'un tel État aurait des répercussions importantes dans le monde arabe, où aucun pays ne peut être qualifié de démocratie. Thomas Friedman du *New York Times*, par exemple, soutenait l'invasion de l'Irak parce que « le monde arabe a désespérément besoin d'un modèle qui fonctionne, d'un régime arabe progressiste dont l'existence même créerait une pression et constituerait une source d'inspiration pour la démocratisation et la modernisation progressive de toute la région[165] ». Les perspectives que pourrait ouvrir « la première démocratie arabe », pour citer Paul Wolfowitz, seraient extraordinaires. Elles pourraient « être aussi importantes que tout ce qui est arrivé au Moyen-Orient depuis la chute de l'Empire ottoman[166] », déclare Kanan Makiya, spécialiste de l'Irak.

L'établissement d'un gouvernement démocratique libéral en Irak pourrait renforcer la pression déjà exercée sur les mollahs de Téhéran pour qu'ils ouvrent leur société sur l'extérieur. Le modèle irakien sera considéré d'un œil méfiant par les théocrates de l'Arabie Saoudite, au sud, pays où, avec un taux de chômage atteignant les trente pour cent et une croissance démographique rapide, la population commence à s'agiter. L'Irak pourrait même prendre la place de l'Arabie Saoudite comme principal allié et source de pétrole de l'Amérique dans la région. Un Irak démocratique encouragerait aussi les régimes en voie de libéralisation, comme le Qatar, le Maroc et la Jordanie, à poursuivre leur route vers la démocratie. Pour finir, un Irak placé sous la tutelle américaine améliorerait certainement ses relations avec les autres démocraties de la région, la Turquie et Israël. Faisant justement valoir ce point, le vice-président Cheney prédisait qu'après la chute de Saddam, « les peuples épris de paix auront une chance de promouvoir les valeurs qui peuvent amener une paix durable ».

Quand on parle de démocratie dans le monde musulman, les détracteurs de la Doctrine Bush avancent une nouvelle objection, plus sérieuse celle-là : à savoir que l'islam et la démocratie sont fondamentalement incompatibles. Adam Garfinkle, rédacteur en chef du *National Interest*, écrit que quoi que fasse l'Amérique, « cela aura peu de chances de transformer l'opinion arabe contemporaine, qui voit la démocratie libérale comme une idée occidentale venue de l'extérieur à un moment où les sociétés arabes s'efforcent à grand-peine de s'adapter à la modernité occidentale[167] ». Tout comme Colin Powell écartait la possibilité d'une « démocratie au milieu du désert dont les habitants auraient lu à la fois les *Federalist Papers* et le Coran[168] », Graham Fuller, spécialiste du Moyen-Orient, tourne en ridicule l'idée qu'un mode de gouvernement libéral et moderne puisse s'enraciner dans le monde islamique « à partir de modules de "démocratie instantanée" importés de l'Occident[169] ».

Il se trouve que ce type de raisonnement reproduit exactement la logique que les universitaires et responsables politiques américains ont appliqué au fil des années à toutes les autres régions non démocratiques du monde. « Je doute que la démocratie à l'américaine puisse être exportée. Je doute que l'Amérique latine la veuille ou qu'elle en ait vraiment envie[170] », a déclaré dans les années quatre-vingts le spécialiste de l'Amérique latine Howard Wiarda. Trente ans plus tôt, Joseph Grew, premier spécialiste du Japon au département d'État, avait averti le président Truman : « le mieux que nous puissions espérer est une monarchie constitutionnelle, car l'expérience a montré que la démocratie au Japon ne fonctionnera jamais[171] ». À différentes étapes depuis la Seconde Guerre mondiale, les responsables politiques américains ont fait valoir cet argument à propos de l'Allemagne, de la Russie, de l'Asie de l'Est et de l'Amérique du Sud. Et maintenant que le courant de la démocratie a balayé chacune de ces régions, les voilà qui défendent à nouveau la même thèse à propos de la seule région que ce courant n'ait pas encore touchée.

Le monde islamique est-il sourd à l'appel de la démocratie ? Il y a une importante distinction à faire entre le monde arabe, qui est dans son immense majorité musulman, et le monde musulman, qui ne regroupe pas que des pays arabes. Dans ce dernier, depuis la Turquie jusqu'à l'Indonésie, la démocratie a fait des progrès spectaculaires au cours des dernières décennies. Les membres de l'équipe Bush, notamment Paul Wolfowitz et le sous-secrétaire d'État Paula Dobriansky, ont défendu ce point très énergiquement. Selon Dobriansky, les gens qui soutiennent que la démocratie « n'est pas un objectif réaliste dans le monde musulman n'ont pas écouté les hommes politiques, les personnalités de la société civile, les universitaires et les autorités religieuses, qui affirment de plus en plus qu'elle est non seulement possible, mais essentielle[172] ». Pour citer le président Bush lui-même : « Les peuples des nations islamiques veulent et méritent les mêmes libertés et les mêmes possibilités que tous les autres peuples, et leurs gouvernements devraient prêter attention à leurs espoirs[173]. » En fait, le problème vient moins du monde musulman que du monde arabe.

Pas un seul État arabe aujourd'hui ne peut être qualifié de démocratie. Le *Rapport arabe sur le développement humain 2002* compilé sous les auspices des Nations unies et financé par le Fonds arabe de développement économique et social examine les raisons de cette situation. « La vague de démocratisation qui a transformé les modes de gouvernement dans la plupart des pays d'Amérique latine et d'Asie de l'Est dans les années quatre-vingts, puis en Europe centrale et dans une grande partie de l'Asie centrale à la fin des années quatre-vingts et au début des années quatre-vingt-dix a à peine touché les États arabes. Ce déficit de liberté porte atteinte au développement humain et constitue l'une des manifestations les plus pénibles d'un développement politique qui reste à la traîne. » Parmi les explications offertes par le rapport pour ce triste constat figurent une culture arabe traditionnelle en conflit avec la modernité, le taux d'analphabétisme extrêmement élevé, la pauvreté, la croissance économique stagnante, la faiblesse de la société civile et, surtout, la persistance dans tous les États arabes d'une « puissante branche exécutive qui exerce un contrôle important sur toutes les autres branches de l'État, car il n'existe dans certains cas aucun contre-pouvoir institutionnel ».

Malgré cette autocritique arabe, le sénateur Chuck Hagel se lamente: « Je détecte une dangereuse arrogance et une certaine vision du type *Pax Americana* qui considère que nous sommes plus puissants, plus riches et plus intelligents que le reste du monde et que nous allons arriver et imposer la démocratie[174]. » Mais promouvoir la démocratie au Moyen-Orient n'est pas une question d'égoïsme national. C'est devenu une question de bien-être national, et même de survie. Le 11 septembre, les problèmes du monde arabe sont devenus les nôtres. Non seulement la répression a alimenté les mouvements terroristes islamiques et l'extrémisme antiaméricain, mais ce sont tous ces régimes que nous avons soutenus qui ont directement encouragé ces forces comme un moyen de détourner la colère populaire des portes de leurs palais. Pour citer le grand historien John Lewis Gaddis: « La rencontre entre le radicalisme et la technologie dont le monde a été témoin en ce terrible matin signifie que la persistance de l'autoritarisme où que ce soit peut nourrir des ressentiments susceptibles de provoquer un terrorisme qui peut nous porter gravement atteinte. Nous avons maintenant une raison impérieuse et réaliste d'achever la mission idéaliste entamée par Woodrow Wilson[175] voici plus de quatre-vingts ans : il faut faire du monde un endroit sûr pour la démocratie, car sinon la démocratie ne sera pas en sûreté dans le monde[176]. »

Ayant offert un public à l'extrémisme islamique par leurs politiques répressives, les régimes les plus directement menacés par les mouvements islamiques ont fait alliance avec leurs pires éléments et leur ont donné leur bénédiction. C'est particulièrement le cas de l'Arabie Saoudite, dont une partie de la famille royale a financé Oussama Ben Laden et d'autres groupes terroristes anti-américains tout en continuant à profiter de la protection des États-Unis.

Au Moyen-Orient, Washington avait conclu un pacte particulier : les dictateurs arabes fournissaient aux États-Unis du pétrole, l'accès à leurs bases et un contrepoids à l'influence soviétique et aux autres influences hostiles ; en contrepartie, les États-Unis ignoraient leurs violations des droits de l'homme et leurs liens avec les groupes islamiques. Malgré tous les efforts qu'il a déployés ailleurs dans le monde, le président Reagan n'a jamais cherché à promouvoir la démocratie au Moyen-Orient. La première administration Bush non plus – même au Koweït, pour la libération duquel des soldats américains ont donné leur vie. Pour sa part, l'équipe de Bill Clinton partait du principe que, comme le raconte son conseiller pour le Moyen-Orient Martin Indyk, « les États arabes modérés mettraient à la disposition de l'armée américaine leurs bases et leurs installations [...]; en échange, Washington n'exercerait pas de pression trop marquée pour qu'ils opèrent des réformes internes[177] ». L'administration actuelle, jusqu'à une date très récente, a honoré ce pacte à son tour – en refusant, par exemple, de faire pression sur les Saoudiens pour qu'ils coopèrent à l'enquête sur les attentats du 11 septembre ou même pour qu'ils nous permettent de lancer des raids contre Ben Laden depuis leur territoire. L'administration Bush s'est retranchée derrière l'argument selon lequel les dictatures arabes « amies » étaient effectivement peu ragoûtantes mais que leurs successeurs potentiels pourraient être encore pires. Et ces dictateurs « amis » ne se sont pas privés de le lui rappeler. Ainsi, dans une lettre au président Bush l'année dernière, le prince héritier de la couronne saoudienne Abdallah a fait observer que si les États-Unis ne se montraient pas plus sensibles à la situation difficile dans laquelle se trouvait son régime, la famille royale pourrait « subir le même sort que le shah d'Iran[178] ».

« C'est peut-être un fils de pute, mais c'est notre fils de pute », disait Franklin Roosevelt d'Anastasio Somoza, le dictateur nicaraguayen. Appliqué à l'Arabie Saoudite, à l'Égypte et à des pays de ce genre, l'argument est bancal. Pour commencer, ils ne sont pas « nôtres » du tout. Loin d'être nos clients, comme l'était Somoza, ils ont non seulement contribué à créer le problème du radicalisme islamique, mais ils l'ont activement encouragé. Pendant la guerre froide, quand les dangers qui nous menaçaient étaient au moins aussi grands qu'aujourd'hui, l'administration Reagan est parvenue à faire progresser la démocratie, depuis le Salvador jusqu'aux Philippines, sans amener ses ennemis au pouvoir. À l'époque, comme aujourd'hui, les sceptiques avaient mis en avant la logique du « on sait ce qu'on perd mais on ne sait pas ce qu'on trouve ». Ils se trompaient à l'époque. Ils se trompent aujourd'hui.

Dans les faits, les efforts pour construire la démocratie au Moyen-Orient sont restés jusqu'ici modestes : augmentation des fonds alloués à l'Agence américaine de développement international pour promouvoir la démocratie, accord de subventions à la National Endowment for Democracy à ce même effet, élaboration d'un programme géré par le département d'État pour financer les actions de démocratisation au Maroc, à Bahreïn et au Qatar, et création d'une station de radio qui donne un compte rendu exact et impartial de l'actualité dans une région qui n'est guère connue pour son objectivité en la matière. Cependant, dans les mots qui précèdent généralement l'action, Bush et son administration ont été beaucoup plus loin. Plus loin, en fait, que n'importe lesquels de leurs prédécesseurs. « Nous rejetons l'idée condescendante que la liberté ne peut pas pousser dans le sol du Moyen-Orient ou que les musulmans n'ont pas eux aussi le désir d'être libres[179] », a déclaré Condoleezza Rice en octobre dernier. Renforçant ces propos par des actes, l'équipe Bush a offert son soutien aux manifestations pour la démocratie en Iran, a demandé instamment à l'Autorité palestinienne de mettre en place des réformes politiques et a condamné le président Hosni Moubarak pour son traitement des militants pro-démocratie en Égypte.

Prenant l'engagement que les États-Unis « tireront parti des possibilités qui s'offrent à eux en cette conjoncture pour étendre les bénéfices de la liberté au monde entier[180] », Bush fait preuve de la même fermeté quant à son soutien à la démocratie au-delà du Moyen-Orient : « Les États-Unis jouissent d'une puissance et d'une influence sans précédent et inégalées dans le monde.

Reposant sur la foi dans les principes de la liberté et de la valeur d'une société libre, cette situation est assortie de responsabilités, d'obligations et de possibilités sans équivalent. La force de notre nation doit être employée pour promouvoir un équilibre des puissances qui privilégie la liberté[181]. »

Cette proposition semble inattaquable. Mais certains, aussi bien à gauche qu'à droite, prétendent que notre « souci » de démocratiser les autres est vicié par la supposition bornée et étriquée selon laquelle nos principes sont des principes universels; ce chauvinisme étroit conduit inévitablement à de dangereuses « croisades » pour refaire le monde et repose sur un mélange redoutable et typiquement américain de naïveté et d'arrogance. D'une certaine façon, cette critique contient une petite part de vérité. Exporter la démocratie sert effectivement les intérêts vitaux de l'Amérique. Mais elle le fait en réalisant nos idéaux les plus chers, et avant tout la conviction qu'un peuple ne doit pas être gouverné sans son consentement. Pour citer George W. Bush: « Aucun peuple sur terre n'aspire à être opprimé, ne souhaite être réduit en esclavage ou n'attend impatiemment le coup frappé à la porte à minuit par la police secrète[182]. »

L'universalité des principes américains possède également une utilité stratégique. En exprimant nos objectifs en des termes démocratiques plutôt que spécifiquement américains, nous pourrons recueillir un plus large soutien à notre politique. Lorsqu'ils qualifient les efforts américains pour renverser Saddam de « guerre pour le pétrole », les détracteurs de la Doctrine Bush, aussi bien chez nous qu'à l'étranger, tentent de peindre l'Amérique sous les traits d'une brute arrogante assoiffée de pouvoir. Dans la mesure où nous avons mené cette guerre comme une guerre pour la démocratie, l'effet sur les habitants du Moyen-Orient sera bien différent. De plus, un « équilibre des pouvoirs favorable à la liberté[183] » donnera de la cohérence à une politique étrangère américaine qui donne souvent l'impression d'en manquer. Dans ce cadre, des entreprises qui semblent à première vue sans grand rapport les unes avec les autres, depuis la guerre au Kosovo et en Irak jusqu'à l'aide américaine à Israël et à Taïwan, deviennent l'illustration d'une vision du monde cohérente. Comme l'écrit Michael McFaul de l'université de Stanford: « Quand on considère les choses sous cet angle, les musulmans et les chrétiens, les Américains et les Iraniens, les Arabes et les Italiens peuvent se retrouver dans le même camp. En même temps, l'ennemi ne regroupe plus seulement les régimes islamiques totalitaires mais englobe tous ceux qui s'opposent à la liberté, que ce soient les tyrans nord-coréens ou les cheiks saoudiens[184]. »

La valeur stratégique de la démocratie est mise en lumière par une vérité de la politique internationale: les démocraties se font rarement la guerre, voire jamais. Pourquoi ? L'une des raisons a été définie par Emmanuel Kant: « Si l'assentiment des citoyens est nécessaire pour décider s'il y aura ou non la guerre, il est bien naturel [...] qu'ils réfléchissent mûrement avant d'entreprendre une partie aussi dangereuse. Tandis qu'au contraire, dans une constitution non républicaine, la guerre est une affaire dont on décide sans le moindre scrupule, parce que le chef de l'État est non pas membre, mais possesseur de l'État et que la guerre ne lui cause pas le moindre dommage[185]. »

Les règles et les institutions de la démocratie encouragent le compromis et diverses autres normes que les États démocratiques appliquent alors aux relations qu'ils ont les uns avec les autres. Ce n'est évidemment pas le cas des États non démocratiques. Comme l'a dit Woodrow Wilson en 1917: « Un concert durable de la paix ne peut être maintenu que par un partenariat entre nations démocratiques. On ne peut pas faire confiance à un gouvernement autocratique pour tenir ses engagements ou respecter ses accords. »

Un siècle passé à combattre des dictateurs fascistes en Allemagne, en Italie et au Japon, des dictateurs communistes en Corée et au Vietnam, des dictateurs néofascistes dans les Balkans et en Irak, et même un dictateur-narcotrafiquant en Amérique centrale a fait comprendre à tous les responsables politiques sauf les plus entêtés que c'est la nature des régimes, et non les accords diplomatiques ou les institutions multilatérales, qui est la clé de la paix et de la stabilité. La stratégie qui consiste à se concentrer sur le changement de régime pour encourager la démocratie, écrit le politologue G. John Ikenberry, « est une stratégie fondée sur l'idée très réaliste que le système politique des autres États exerce un immense impact sur la capacité des États-Unis à assurer leur sécurité et leurs intérêts économiques[186] ». Il en découle naturellement un raisonnement simple: plus le monde devient démocratique, plus il est susceptible d'être favorable à l'Amérique.

Les tactiques employées pour servir la démocratisation peuvent varier selon les circonstances. Dans certains cas, les efforts peuvent porter sur les groupes rebelles, dans la lignée de la Doctrine Reagan telle qu'elle a été appliquée au Nicaragua et ailleurs dans les années quatre-vingts. Dans d'autres cas, l'intervention peut passer par un soutien aux dissidents par le biais d'actions officielles ou clandestines, avec les résultats positifs que l'on sait dans des pays comme la Pologne ou la Corée du Sud. Ces tactiques peuvent ne pas porter leurs fruits immédiatement, mais leur objectif est clair : avec les régimes tyranniques, en particulier ceux qui ont le pouvoir de nous faire du tort à nous ou à nos alliés, nous devons chercher la transformation et pas la coexistence.

L'idée que les États-Unis peuvent « faire des affaires » avec n'importe quel régime, si odieux ou hostile aux principes américains qu'il soit, est douteuse aussi bien sur le plan moral que stratégique. Il est fondamentalement difficile d'entretenir des relations avec des régimes tyranniques, autoritaires et totalitaires. La force des idéaux américains et la puissance américaine tendent inévitablement à éroder les piliers sur lesquels reposent ces régimes. Pour renforcer leur légitimité, ils ont donc souvent recours à la provocation, soit en accumulant des armes pour intimider l'Amérique et ses alliés, comme dans le cas de la Chine et de la Corée du Nord, soit en complotant pour faire main basse sur leur région, comme dans le cas de l'Irak et de la Serbie. Incapables d'asseoir leur légitimité sur le consentement de leurs citoyens opprimés, ces États recherchent l'autorité plus superficielle que leur confère la diabolisation d'un ennemi extérieur. Le gouvernement chinois, par exemple, sait qu'il ne peut pas y avoir de réel « partenariat stratégique » avec les États-Unis. Le gouvernement iranien sait qu'il ne peut pas y avoir de véritable « normalisation » avec le monde démocratique. Saddam Hussein savait qu'il ne pouvait pas simplement abandonner les armes de destruction massive qu'il avait accumulées. Car le prix de ces accommodements serait l'effondrement de leurs régimes.

Promouvoir la démocratie est un objectif pragmatique en ce qu'il rend le monde plus favorable à l'Amérique.

Cette stratégie est saine et sensée, mais elle est aussi l'héritage particulier de notre pays. Ses principes sont inscrits dans notre Déclaration d'indépendance. Sa substance est définie dans notre Constitution. Et son influence a façonné des siècles de politique étrangère américaine. Non seulement l'Amérique est le phare de la démocratie libérale, mais chacun de ses dirigeants successifs – qu'ils aient affirmé que c'était sa conduite internationale qui devait illustrer ses idéaux démocratiques ou bien que la meilleure façon pour elle d'inspirer les autres nations était de les mettre en pratique sur son propre sol – a reconnu le rôle spécial que les principes de l'Amérique jouent dans son comportement à l'étranger.

Cet intérêt spécifiquement américain pour la démocratie est précisément ce qui gêne tant de gens au sein de la gauche. Doutant que les États-Unis soient capables d'installer un « gouvernement démocratique dans un endroit qui n'en a jamais connu[187] », l'ancien conseiller de Gore pour la sécurité, Leon Fuerth, prévient que tenter de le faire pourrait conduire à « une dangereuse ivresse du pouvoir ». Les promoteurs de la démocratie au sein de l'administration Bush appartiennent à « cette race d'hommes des plus dangereuses, les utopistes[188] », écrit pour sa part le chroniqueur du *New York Times* Anthony Lewis. Dans le même genre, Stanley Hoffman, professeur à Harvard, qui voici quelques années encore prenait la plume pour défendre « la moralité en politique étrangère », se déclare aujourd'hui incapable de comprendre pourquoi les États-Unis voudraient transformer « des pays qui n'ont aucune expérience passée de la démocratie et où des régimes répressifs ne sont confrontés à aucune opposition expérimentée ou unie[189] ».

Au début du vingtième siècle, Woodrow Wilson a lancé une croisade pour « faire du monde un endroit sûr pour la démocratie ». Ses successeurs, de Franklin Roosevelt à John Kennedy, n'ont jamais remis cet objectif en question. Mais sous l'effet de la guerre du Vietnam, cette vision a été salie. Les libéraux, en particulier, ont contesté le droit de l'Amérique à considérer son système comme supérieur aux autres ou à affirmer son influence. Ils ne niaient pas les bénéfices de la démocratie, mais contestaient des moyens employés pour y parvenir, à savoir la puissance américaine. Ainsi, quand l'équipe Carter a fait entendre sa voix pour défendre la démocratie, ses critiques les plus fermes ont visé des pays alliés comme l'Iran et le Nicaragua, qui luttaient contre des insurrections, plutôt que l'Union soviétique et ses satellites. Une réticence profonde à juger les autres et un scepticisme persistant envers les idéaux fondateurs de l'Amérique ont également conduit les libéraux à privilégier la promotion de droits « sociaux » et « économiques » universels plutôt que la démocratie – cette dernière étant trop étroitement associée aux États-Unis. « La guerre froide nous a détournés du droit chemin », a ainsi expliqué Joseph Duffey, le « Monsieur diplomatie » de Clinton. « Nous sommes entrés dans un esprit de croisade [par lequel] nous nous sentions mieux en envoyant des messages aux autres pays[190]. »

Rejoignant la position de George McGovern, qui avait affirmé durant la campagne présidentielle de 1972 : « ce sont des forces qui échappent à notre contrôle qui contribueront le plus à façonner les structures politiques à venir[191] », et de Jimmy Carter, dont le conseiller pour la sécurité Zbigniew Brzezinski déclarait attendre avec impatience « un âge où la technologie et l'électronique [...] s'imposeront de plus en plus comme les principes déterminants de [...] l'évolution mondiale de la société[192] », l'administration Clinton a décidé que des forces vastes et impersonnelles allaient permettre à bon nombre des objectifs classiques de la politique américaine de se concrétiser. Plus spécifiquement, la démocratie pouvait être favorisée non par l'activisme politique de l'Amérique, mais par les forces de « l'interdépendance », par quoi l'équipe Clinton entendait le commerce international. Mettre l'accent sur ce dernier, en plus d'être judicieux sur le plan économique, serait propice à la réalisation des buts traditionnellement poursuivis par la politique étrangère américaine, et avant tout la démocratisation. Comme l'a expliqué le conseiller pour la Sécurité Sandy Berger en 1997 : « Les compagnons de voyage de la nouvelle économie mondiale – les ordinateurs et les modems, les fax et les photocopieuses, les contacts accrus et les accords contraignants – portent en eux les germes du changement[193]. » Après avoir officiellement « dissocié » les droits de l'homme des considérations commerciales en Chine en 1994, Clinton a décrété que le commerce et la technologie suffiraient comme « force du changement, en mettant la Chine en contact avec nos idées et nos idéaux[194] ».

En espérant pouvoir laisser aux forces du marché le travail de démocratisation, Clinton s'est empêtré dans des complications morales auxquelles il a été incapable de fournir des réponses adéquates. Il est rapidement apparu que son approche des affaires étrangères, qu'il qualifiait de « néo-wilsonisme pragmatique » – en dépit du fait que Woodrow Wilson était entré en fonction avec l'intention explicite de mettre un terme à la « diplomatie du dollar » de son prédécesseur, William Howard Taft – était complètement erronée. S'imaginant pouvoir promouvoir la démocratie par des activités purement marchandes, son administration a fait abstraction des atteintes aux droits de l'homme commises dans les pays où les sociétés américaines faisaient des affaires. Loin d'être un facteur de modération, l'élargissement des relations commerciales avec des pays comme la Chine et le Pakistan a coïncidé avec la détérioration de leur bilan dans ce domaine. Cette subordination des principes politiques au renforcement des liens économiques a conduit l'Amérique à être accusée, à juste titre, d'hypocrisie. Comme l'a noté le quotidien français *Le Monde* dans un éditorial : « Le cas de la Chine réduit à néant la prétention américaine à l'universalité en matière de droits de l'homme[195]. » Loin de favoriser la démocratie, la conduite des Américains dans le monde commençait à ressembler à s'y méprendre à celle des Européens.

La Doctrine Bush rejette l'hypothèse satisfaite selon laquelle « s'engager » suffit à encourager la démocratisation. Elle constate aussi que la démocratie est un choix politique et non un acte de volonté. Quelqu'un, et pas quelque chose, doit la créer. Ce quelqu'un est souvent un homme seul : un Lech Walesa, un roi Juan Carlos, un Václav Havel. À d'autres moments, la pression vient d'un mouvement politique d'opposition : le Congrès national africain en Afrique du Sud, Solidarnosc en Pologne, ou encore les manifestants de la place Tiananmen en Chine. Mais l'histoire montre que l'impulsion la plus féconde dans ce domaine est celle des États-Unis.

Tout au long des années quatre-vingts, l'Amérique a exercé une pression diplomatique et politique sur plusieurs régimes répressifs, de la Pologne à l'Afrique du Sud. Elle est intervenue pour empêcher des coups d'État militaires aux Philippines, au Pérou, au Salvador, au Honduras et en Bolivie. Elle a résolument fait des droits de l'homme et de la démocratie un des grands axes de sa politique officielle. Elle a joué un rôle essentiel et direct dans la démocratisation de pays comme la Corée du Sud et Taïwan. Les années quatre-vingts ont pris fin sur une image de circonstance : celle de militants pro-démocratiques en train d'ériger une réplique de la Statue de la liberté sur la place Tiananmen. Christopher Patten, dernier gouverneur britannique de Hong Kong, a fait observer : « La puissance américaine et le rôle moteur de l'Amérique ont contribué plus que tout autre facteur à secourir la liberté dans la deuxième moitié de ce siècle[196]. »

Affirmer que l'Amérique, après avoir tant accompli, doit maintenant abandonner cette mission à la technologie ou au commerce, ou même aux organisations internationales, est une absurdité. Affirmer qu'elle doit le faire parce qu'elle n'a pas le « droit » d'imposer sa volonté aux autres est une erreur. « Les dirigeants communistes vous disent : "N'intervenez pas dans nos affaires intérieures. Laissez-nous étrangler tranquillement nos citoyens." Et moi je vous dis : "Intervenez de plus en plus. Intervenez autant que vous le pouvez. Nous vous supplions d'intervenir[197]" », a écrit un jour Alexandre Soljenitsyne.

Naturellement, l'appel de Soljenitsyne est aussi peu du goût des sceptiques de gauche que des réalistes de droite. Bon nombre de ces derniers, s'ils ont joué un rôle de premier plan et soutenu les grands axes de la politique américaine pendant la guerre froide – en mettant les Américains en garde contre les chimères aussi bien de la conciliation libérale que de l'isolationnisme, en soutenant le renforcement du budget de la Défense et en attirant l'attention des responsables politiques sur le danger de l'expansionnisme soviétique –, n'ont jamais considéré d'un bon œil l'idéalisme qui imprégnait cette politique. Dans les premiers temps de la guerre froide, le théologien Reinhold Niebuhr a déploré : « nous avons toujours tendance à prétendre que notre puissance est exercée par une nation particulièrement vertueuse[198] », tandis qu'un autre réaliste, George Kennan, est allé jusqu'à comparer la démocratie américaine à « un de ces monstres préhistoriques avec un corps grand comme une chambre et un cerveau de la taille d'une tête d'épingle[199] ». Ce que craignaient les réalistes, ce n'était pas tant les mécanismes de la démocratie américaine sur le sol américain – quoiqu'ils aient souvent eu des réserves à ce sujet – que ce qu'ils percevaient comme une pulsion messianique susceptible d'amener les États-Unis à bouleverser l'équilibre des pouvoirs entre eux et l'Union soviétique. Noyé dans ce relativisme, Hans Morgenthau a décrit la démocratie américaine et le communisme soviétique comme deux facettes d'un même « universalisme nationaliste » qui cherchait à établir « le droit pour une nation et un État d'imposer ses propres valeurs et ses propres normes à toutes les autres nations ». Ce que les Américains devaient admettre, c'était « qu'aucun peuple ne peut se faire le juge des institutions nationales et des règles » d'un autre, selon Kennan.

Aveuglés par ce raisonnement, les réalistes ont été incapables de prévoir que, justement, les institutions nationales et les règles de l'Union soviétique et des États-Unis allaient mettre un terme à la guerre froide : de même que les contradictions internes du communisme ont contribué à la chute de l'URSS et de ses satellites, l'attrait et le succès de la démocratie américaine ont montré aux habitants de ces nations qu'il existait une solution meilleure. De plus, ce sont les principes de la démocratie libérale qui ont soutenu les Américains dans les sacrifices qu'ils ont été disposés à faire tout au long des quatre décennies de la guerre froide. N'en déplaise à Morgenthau, l'idéalisme a été « l'aiguillon indispensable de la raison », selon Robert Osgood. Le communisme s'est révélé incapable de rivaliser avec la démocratie libérale, que ce soit sur le plan matériel, politique ou éthique. Il n'a même pas pu survivre à la disparition de la puissance coercitive qui avait fait de lui une idéologie mondiale. La démocratie libérale, elle, a prouvé de manière éclatante son bien-fondé, et son attrait ne cesse de croître.

Malgré cette démonstration spectaculaire, l'idée d'employer la puissance américaine pour promouvoir un changement de régime dans des nations dirigées par des dictateurs reste aux yeux de nombreux réalistes une dangereuse utopie. Plutôt que de revoir leur position, les réalistes d'aujourd'hui ont réussi, on ne sait comment, à distinguer dans l'une des victoires les plus éclatantes de l'histoire les germes d'une défaite encore plus écrasante. C'est pourquoi, alors que Samuel Huntington, de Harvard, concédait quelques années plus tôt que les Américains « ont un intérêt particulier à voir se développer un environnement mondial propice à la démocratie[200] », il s'est mis au milieu des années quatre-vingt-dix à dénoncer les efforts américains dans ce sens comme étant « perfides », « immoraux » et « dangereux ». Dans le même esprit, Dimitri Simes, du Nixon Center et Robert Ellsworth, ancien ambassadeur américain à l'OTAN prétendent : « L'hypothèse qui veut que nos valeurs soient universelles est fausse parce qu'elle est manifestement inexacte; elle est immorale à cause de ce qu'il serait nécessaire de faire pour que des peuples non occidentaux adoptent les institutions et la culture occidentales; et elle est dangereuse parce qu'elle pourrait mener à la guerre[201]. »

Les critiques des réalistes d'aujourd'hui résistent encore moins à l'examen que celles de leurs prédécesseurs. Pendant la guerre froide, l'attrait mondial de la démocratie n'avait pas encore été prouvé empiriquement, et si l'idéalisme servait d'aiguillon à la raison, la menace d'une annihilation nucléaire aussi, du moins du point de vue des réalistes. Aujourd'hui, avec la disparition de l'Union soviétique et la progression rapide de la démocratie, leurs remontrances laissent encore plus perplexe. À la lumière du bilan de ces trois dernières décennies, continuer à mettre en doute l'efficacité des actions en faveur d'un changement démocratique à l'étranger a quelque chose de pervers. Après avoir vu les forces démocratiques renverser des dictatures dans des endroits apparemment aussi inattendus que les Philippines, l'Indonésie, le Chili, le Nicaragua, le Paraguay, Taïwan et la Corée du Sud, qu'y a-t-il d'utopique à imaginer un changement de régime dans un pays comme l'Irak ? Du reste, qu'y a-t-il d'utopique à œuvrer à la chute du parti communiste en Chine après avoir vu une oligarchie bien plus puissante et bien plus stable s'effondrer en Union soviétique ? Devant les changements démocratiques qui, depuis quelques décennies, balaient le monde à une vitesse sans précédent, est-il vraiment « réaliste » d'exiger que nous nous en tenions là ?

La mission de l'Amérique

De l'ambivalence à la prééminence

Le dernier pilier de la Doctrine Bush est son attachement à la prééminence américaine. C'est aussi le plus controversé. L'affirmation selon laquelle l'Amérique doit empêcher ses adversaires potentiels de « surpasser ou d'égaler la puissance des États-Unis[202] » a provoqué un tollé sur la côte Est. « La vision exposée dans ce document est ce que nous appelions autrefois, quand nous prêtions cet objectif aux Soviétiques, la domination mondiale[203] », affirme Hendrik Hertzberg du *New Yorker* en parvenant en une seule phrase à condamner les États-Unis et à exonérer l'URSS. L'ambition fondamentale de la stratégie de sécurité nationale, renchérit Al Gore, est de « glorifier l'idée de la domination ». Mais qu'y a-t-il de mal à dominer, lorsque c'est au service de principes sains et de nobles idéaux ?

« L'administration Bush a clairement rompu avec les postulats internationalistes communément admis par toutes les autres administrations depuis la Seconde Guerre mondiale, à l'exception de la première administration Reagan[204] », se lamente Frances Fitzgerald dans la *New York Review of Books*. Cette affirmation est tout simplement fausse. Loin de rompre avec les postulats de l'après-guerre, la Doctrine Bush revient aux principes qui ont guidé la politique américaine à travers les étapes les plus fécondes de cette période. Tout a commencé en 1947 par un discours d'Harry Truman au Congrès dans lequel il déclarait « reconnaître sans détour que des régimes totalitaires imposés à un peuple libre, que ce soit par l'agression directe ou indirecte, sapent les fondements de la paix internationale, donc la sécurité des États-Unis ». Pour définir la nouvelle ère qui s'ouvre devant nous, Bush, comme Truman avant lui, a adopté le langage de l'exceptionnalisme américain en affirmant que « les impératifs de la liberté s'appliquent pleinement[205] » à tous et que les États-Unis ne cesseront de les promouvoir. De même que Truman, le 12 mars 1947, a dévoilé la doctrine qui porte son nom en jurant de lutter contre l'expansionnisme soviétique partout dans le monde et de promouvoir la liberté, Bush, le 1er juin 2002, a donné un aperçu de la sienne en promettant d'agir préventivement contre les dangers partout dans le monde et de promouvoir la liberté. Le premier se reposait sur l'endiguement et le second privilégie l'action préventive, mais leurs deux doctrines partagent une même raison d'être: offrir un plan de route vers la prééminence américaine, une prééminence soutenue par la puissance de l'Amérique et atteignant son apogée dans la propagation de ses idéaux. En fait, toutes deux plongent leurs racines dans les principes qui animaient la politique étrangère américaine avant même le début de la guerre froide.

« Nous vivons une période de graves dangers, mais aussi de possibilités immenses », a déclaré Condoleezza Rice, « [...] une période semblable aux années 1945-1947, lorsque le rôle moteur de l'Amérique a permis d'accroître le nombre d'États libres et démocratiques – notamment, parmi les grandes puissances, le Japon et l'Allemagne –, pour créer un nouvel équilibre des pouvoirs favorable à la liberté[206]. » De même qu'après la Seconde Guerre mondiale les Américains sensés n'auraient jamais pensé que les États-Unis devaient se retirer de la scène internationale et attendre l'émergence de la prochaine Allemagne nazie, de même l'équipe Bush a su comprendre qu'au lendemain du 11 septembre sa mission était de façonner l'environnement international afin d'éviter l'apparition de la prochaine menace. Nous oublions souvent que les plans de reconstruction de l'ordre mondial élaborés au début des années quarante par les responsables politiques américains ne visaient pas uniquement à contenir l'Union soviétique, que beaucoup d'entre eux considéraient toujours comme un partenaire potentiel. Au contraire, ils prenaient en compte les circonstances qui avaient conduit à la catastrophe d'une guerre mondiale. Leur objectif était de bâtir un ordre international plus stable que celui qui avait implosé en 1939 ; de construire un système économique qui servirait la stabilité internationale en favorisant la croissance et le libre-échange ; et d'élaborer un cadre pour la sécurité internationale qui, même s'il péchait par un excès de confiance dans la volonté de l'Union soviétique à travailler avec les États-Unis, reposait en dernier ressort sur le fait que la puissance américaine était devenue la clé de voûte de l'ordre mondial.

Des hommes comme James Forrestal et Dean Acheson étaient convaincus que les États-Unis avaient supplanté la Grande-Bretagne comme numéro un mondial et que, ainsi que l'a écrit Forrestal en 1941, « l'Amérique doit être la puissance dominante du vingtième siècle[207] ». Henry Luce exprimait l'opinion de la plupart des Américains influents au sein et hors de l'administration Roosevelt quand il a affirmé qu'il incombait à l'Amérique non seulement de gagner la guerre contre l'Allemagne et le Japon mais aussi de créer « un ordre moral international[208] » qui permettrait de propager les principes américains – et éviterait du même coup la catastrophe d'une troisième guerre mondiale. Cette idée a trouvé son illustration dans la Charte atlantique de Roosevelt et, plus concrètement, dans la création des Nations unies en 1945.

Donc, bien avant que l'Union soviétique ait commencé à apparaître comme le principal danger pour la sécurité et les principes américains, les États-Unis en étaient arrivés à la conclusion que pour bâtir un monde plus sûr, il leur serait nécessaire d'empêcher les actes d'agression à l'échelle mondiale, quel que soit l'agresseur. Pendant la guerre, l'éventuelle renaissance de l'Allemagne et du Japon constituait même pour les responsables américains un sujet de préoccupation au moins aussi important que l'Union soviétique. John Lewis Gaddis résume la pensée américaine entre 1941 et 1946 de la façon suivante : « Le président et ses principaux conseillers étaient résolus à protéger les États-Unis contre tous les dangers, quels qu'ils soient, susceptibles de les menacer après la victoire, mais ils n'avaient pas d'idée précise sur la nature de ces dangers ni sur les endroits où ils pouvaient apparaître. Leur réflexion sur la sécurité dans l'après-guerre était donc plus générale que spécifique[209]. »

En outre, peu de hauts responsables s'imaginaient que l'on pourrait compter sur « la sécurité collective » et les Nations unies pour maintenir la paix. En 1945, Harry Truman a déclaré que les États-Unis étaient devenus « l'une des forces du bien les plus puissantes sur terre[210] » et que la tâche consistait désormais à « faire en sorte qu'ils le restent » et à « conduire le monde vers la paix et la prospérité » ; l'Amérique était « parvenue à une domination mondiale qui ne dépend pas uniquement de notre puissance navale et militaire ». C'était son intention, malgré la démobilisation, de s'assurer qu'elle resterait « la plus grande puissance navale sur terre » et conserverait « l'une des plus grandes forces aériennes au monde ». Nous utiliserions « notre force militaire uniquement pour préserver la paix dans le monde. Car nous savons maintenant que c'est la seule façon sûre de garantir notre propre liberté ».

Dans la période qui a immédiatement suivi la guerre, la réticence des Américains à maintenir leurs dépenses militaires et leurs capacités d'intervention à un niveau suffisant pour accomplir ce grand projet a été une erreur. Avec la création du rideau de fer par Staline et le début de la guerre en Corée, ils ont repris conscience de la nécessité d'élaborer une politique étrangère dynamique et visionnaire et se sont immédiatement mis à l'œuvre pour relever ces défis. Une certaine clairvoyance a cependant été perdue pendant la période charnière entre l'immédiat après-guerre et le début de la guerre froide. L'objectif initial, qui consistait à promouvoir et à défendre un ordre mondial digne de ce nom, s'est trouvé amalgamé à un autre objectif, celui de faire échec à la puissance soviétique. Les États-Unis ont adopté des politiques qu'ils auraient suivies même en l'absence de la menace soviétique : jouer un rôle majeur en Europe, en Asie et au Moyen-Orient ; défendre les normes fondamentales de conduite internationale ; favoriser les réformes démocratiques chaque fois que possible et promouvoir les principes américains à l'étranger. Tous ces idéaux se sont retrouvés liés à la stratégie d'endiguement de l'Union soviétique, donc à la stratégie qui a conduit l'Amérique en Asie du Sud-Est.

La Doctrine Bush marque un retour à cette époque lointaine, où Munich, et non le Vietnam, servait de leçon et où les remontrances sur « l'arrogance du pouvoir » et le danger de « juger les autres » ne trouvaient guère d'audience dans la classe politique américaine. En 1951, dans un discours où il expliquait la participation de l'Amérique à la guerre de Corée, le président Truman a affirmé que si les alliés « avaient adopté la bonne politique dans les années trente, si les pays libres avaient agi ensemble pour écraser l'agression des dictateurs, et s'ils l'avaient fait dès le début quand cette agression était peu importante, la Seconde Guerre mondiale n'aurait probablement pas eu lieu. Si l'histoire nous a appris quelque chose, c'est que l'agression n'importe où dans le monde est une menace pour la paix partout dans le monde ». Aujourd'hui, les responsables américains tirent la même conclusion: il faut résister à l'agression par la force si nécessaire, et à bref délai. « Hitler avait indiqué ses intentions », a déclaré le secrétaire à la Défense Donald Rumsfeld en 2001, ajoutant qu'il aurait dû « être stoppé rapidement, car il aurait pu l'être [...] à un coût minime[211] ».

Si la Doctrine Bush « rompt » avec les postulats de la politique de sécurité nationale, c'est donc uniquement parce qu'elle tourne résolument le dos au Vietnam. Un article récent de *Newsweek* sur Donald Rumsfeld a révélé sur lui, et dans une certaine mesure sur la Doctrine Bush, une caractéristique frappante: « Rumsfeld est le produit d'une époque et d'une génération qui ont connu une longue traversée du désert mais dont le système de valeurs et l'état d'esprit font aujourd'hui un retour au plus haut niveau du gouvernement américain[212]. » L'article continuait ainsi : « Vue à travers le prisme de son parcours et de son expérience, la décision d'envahir ou non l'Irak peut être considérée comme un choc entre les valeurs des combattants de la Seconde Guerre mondiale et du début de la guerre froide et celles des baby-boomers qui sont arrivés au pouvoir après le Watergate et le Vietnam. » L'article se terminait sur une déclaration d'Henry Kissinger, qui faisait remarquer que « [Rumsfeld] s'efforce de rétablir le sens du devoir et la responsabilité américaine et de faire reculer les mentalités de la génération du Vietnam, qui se focalisait sur les imperfections et les limites de l'Amérique ».

Ces mentalités ont survécu à la chute de l'Union soviétique. À gauche, où l'écrivain Noemie Emery a fait observer que « nous sommes toujours en 1968, dans la sombre nuit de l'âme américaine[213] », le syndrome du Vietnam a refait surface pendant l'opération Tempête du désert. Il a persisté sous l'administration Clinton, où les vétérans de la campagne de McGovern se sont tordu les mains de désespoir à l'idée de répéter les erreurs du Vietnam en Bosnie, à tel point que le conseiller de Clinton pour les Balkans, Richard Holbrooke, s'est senti obligé de souligner que « la Bosnie n'était pas le Vietnam, les Serbes n'étaient pas les Viêtcongs et Belgrade n'était pas Hanoi[214] ». Aujourd'hui, le fantôme du Vietnam est toujours parmi nous. « Je ne cesse de penser à une chose : le Vietnam. L'Irak est un pays vaste, moderne, très urbanisé. Si nous le cassons en morceaux à coups de bombes, serons-nous assez sages pour le recoller[215] ? », écrit Antony Lewis dans le *New York Review of Books*, reprenant les arguments qu'il avait déjà mis en avant il y a dix ans contre la guerre du Golfe.

À droite, la stratégie « nixonienne » consistant à éviter un autre Vietnam en se concentrant sur des intérêts vitaux étroitement définis a survécu aussi jusque tard dans les années quatre-vingt-dix. Bien qu'il ait évoqué Munich et même comparé Saddam Hussein à Hitler, le premier président Bush a juré qu'il avait « tiré les enseignements du Vietnam[216] » : il a conduit la guerre du Golfe dans ce sens, en y mettant fin une fois sauvegardé « l'intérêt vital » qu'était le pétrole koweïtien et en laissant des milliers d'Irakiens se faire massacrer par ce même « Hitler » que les États-Unis avaient décidé de laisser au pouvoir. À peine un an plus tard, après s'être enorgueilli d'avoir « abattu le syndrome du Vietnam une fois pour toutes[217] », il a refusé d'intervenir dans la « guérilla » en Bosnie parce que « nous avons déjà vécu une fois ce genre de choses[218] ». Même George W. Bush, à la Convention nationale républicaine de 2000, a exhorté ses auditeurs à « se souvenir des leçons du Vietnam[219] ».

Il n'y a pas que les politiciens qui continuent à souffrir du syndrome du Vietnam. L'appareil militaire américain placé sous l'autorité de Rumsfeld ne s'est toujours pas remis de la guerre. « Le Vietnam est devenu le roman à thèse des milieux de la défense, le récit édifiant de l'ingérence civile et de la timidité militaire culminant dans une catastrophe que l'on aurait pu éviter[220] », explique le stratège Eliot Cohen. Caspar Weinberger, secrétaire à la Défense sous Reagan, a été le premier à exposer les leçons bureaucratiques de ce roman à thèse en définissant un ensemble restrictif de critères pour l'emploi de la force. Plus tard, Colin Powell a intégré ces critères dans la doctrine qui porte aujourd'hui son nom. La Doctrine Powell n'explique pas uniquement comment faire la guerre : elle explique également à quel moment la faire – c'est-à-dire pour protéger les « intérêts vitaux » et non pour des « raisons boiteuses » comme « une formation de nation » et « l'humanitarisme », qui rappellent dangereusement le Vietnam. Powell résume sa doctrine ainsi : « L'intérêt national est-il en jeu ? Si oui, alors allons-y, et allons-y pour gagner. Si non, ne nous en mêlons pas. »

Tout cela semble relativement raisonnable. Mais en se retranchant derrière la Doctrine Powell et la guerre qui l'a inspirée, les généraux américains se sont opposés à presque toutes les interventions entreprises par les États-Unis depuis la fin de la guerre froide : l'Irak, la Bosnie, le Kosovo et aujourd'hui de nouveau l'Irak. « Aucune de ces récentes crises ne présentait pour nous un intérêt vital, contrairement à l'invasion du Koweït et à la menace que cela avait entraîné pour l'Arabie Saoudite et la libre circulation du pétrole[221] », a écrit Powell à propos des conflits de l'époque Clinton. Ces considérations ne l'avaient pas empêché de se prononcer aussi contre la guerre du Golfe. En théorie, la Doctrine Powell semble puissante. En pratique, c'est un modèle pour l'inaction.

Quand ils se laissent guider par la comparaison avec le Vietnam, les États-Unis essuient presque toujours des revers. La raison en est simple : pendant que nos responsables politiques se laissent miner par les leçons du Vietnam, le reste du monde continue à jouer selon les règles de Munich. Ainsi, tandis que Nixon et Kissinger reléguaient le tiers-monde au second plan après le Vietnam, Moscou redoublait d'effort pour étendre son influence en Afrique, au Moyen-Orient et en Asie de l'Est. Et pendant que le président Carter affirmait que les États-Unis ne devaient pas « s'ingérer dans les affaires intérieures d'une autre nation[222] », l'Union soviétique s'employait à envahir l'Afghanistan et à établir un satellite en Amérique centrale. Tablant eux aussi sur cet accès de faiblesse, Saddam Hussein et Slobodan Milosevic ont avancé l'argument du Vietnam pour expliquer pourquoi l'Amérique ne s'opposerait pas à leurs actes d'agression.

En fait, comme modèle pour décider où et comment employer la force, la comparaison avec le Vietnam a prouvé sa nullité presque totale. La puissance de l'Amérique est bien souvent la seule chose qui fait la différence entre la civilité et le génocide, entre l'ordre et le chaos – même si la gauche refuse de le reconnaître. Du point de vue des libéraux, suivre strictement les leçons du Vietnam, cela veut dire aucune mission de maintien de la paix, aucune frappe aérienne punitive, aucune intervention humanitaire : en bref, aucune opération fondée sur un principe autre que l'intérêt personnel le plus étroit. Quant aux conservateurs, les enseignements qu'ils tirent du Vietnam encouragent une forme de retenue qui est encore moins de mise dans le monde d'aujourd'hui. Définir nos intérêts vitaux uniquement en termes de puits de pétrole, de voies maritimes et de canaux reviendrait, si nous inscrivions cette définition dans la politique officielle, à renoncer à notre prééminence. Quand l'Amérique a refusé d'intervenir dans la crise humanitaire en Bosnie, par exemple, celle-ci a rapidement menacé de déstabiliser l'Alliance atlantique, l'un de nos intérêts les plus vitaux. N'en déplaise aux réalistes, les États-Unis demeurent le pivot du système international. Et quand ils restent sans réagir devant les dangers qui menacent ce système, l'ordre international tout entier s'érode. Et il s'érode rapidement. L'histoire récente montre que c'est la réticence excessive des Américains à intervenir, et non leur bellicisme, qui a multiplié les problèmes et exacerbé les dangers.

Comme les combattants de la guerre froide dans la période qui a précédé le Vietnam, les membres de l'équipe Bush savent que notre époque est pavée de crises mais riche de possibilités. Les États-Unis doivent poursuivre deux objectifs à la fois : premièrement, promouvoir un ordre mondial favorable aux intérêts et aux principes américains ; deuxièmement, combattre le danger le plus immédiat et le plus menaçant pour la réalisation de cet ordre mondial. En d'autres termes, conduire une guerre d'un genre nouveau contre le terrorisme ne décharge pas la politique étrangère américaine de ses objectifs traditionnels. Cependant, quand nous avons découvert, l'année dernière, que nous étions toujours confrontés à des ennemis cruels et ingénieux, les grands objectifs de notre politique étrangère ont été l'objet d'un certain fatalisme, particulièrement au sein des élites. « Nous ne pouvons plus nous permettre le luxe d'aborder notre sécurité nationale principalement sous l'angle de la protection de nos alliés et de nos intérêts à l'étranger[223] », a déclaré Michèle Flournoy, expert au Center for Strategic and International Studies. « Nous devons nous pencher bien plus sérieusement sur la protection de notre territoire national. » Cela, nous le faisons. Mais le faire ne nous décharge en rien de notre obligation de défendre Taïwan contre la Chine, de rester aux côtés d'Israël et de nos alliés européens et asiatiques, et de promouvoir nos principes à l'étranger. Mettre de côté les grands objectifs de notre politique étrangère pourrait nous rendre encore plus vulnérables aux menaces classiques qui occupaient toute notre attention avant le 11 septembre.

Les événements du 11 septembre n'ont pas modifié les objectifs fondamentaux de notre politique étrangère. Au contraire, la guerre de l'administration Bush contre le terrorisme s'inscrit dans la grande stratégie de l'Amérique, stratégie dont les éléments essentiels ne font que prendre en compte la réalité. Ceux qui critiquent Bush se trompent quand ils pensent que notre place dans le monde consiste en autre chose que la domination mondiale. L'Amérique possède une puissance et une influence sans précédent. Selon tous les critères traditionnels de mesure de la puissance d'un pays, elle détient une position sans équivalent depuis l'époque où Rome dominait le monde méditerranéen. Son armée fait paraître dérisoire celle de n'importe quelle autre nation, aussi bien par sa puissance de feu que par sa capacité à intervenir n'importe où dans le monde au pied levé. En même temps, ses principes économiques, le capitalisme libéral et le libre-échange ont été presque universellement acceptés comme le meilleur modèle possible pour créer des richesses, et l'Amérique elle-même se tient au centre de l'ordre économique international. Son système politique, celui de la démocratie libérale, se propage sur tous les continents et dans toutes les cultures à mesure que d'autres peuples abandonnent ou modifient leurs modes de gouvernement autocratiques et adoptent les principes américains que sont les libertés et les droits individuels, ou, du moins, les approuvent en paroles.

Contrairement aux puissances impériales d'autrefois, si les États-Unis ont créé une *Pax Americana*, ils ne l'ont pas bâtie sur la conquête coloniale et l'égoïsme économique. « L'Amérique n'a pas d'empire à étendre ni d'utopie à établir[224] », a déclaré le président Bush à West Point. Ce qui soutient l'ordre mondial d'aujourd'hui, c'est l'influence bienveillante de l'Amérique, nourrie par la puissance américaine, naturellement, mais aussi par l'émulation et par la prise de conscience partout dans le monde que les idéaux américains sont véritablement universels. Par conséquent, lorsque l'unique superpuissance mondiale s'engage en faveur de normes de conduite internationale – pour la démocratie, pour les droits de l'homme, contre l'agression, contre la prolifération des armements –, tout ce qui peut s'opposer à la puissance de l'Amérique a forcément pour résultat d'affaiblir ces normes créées par elle. Si, par humilité, par abnégation, par une définition étroite de l'intérêt national, nous abandonnions la place que l'histoire nous a léguée, le chaos qui s'ensuivrait ne manquerait pas d'atteindre nos rives.

Même si le danger de l'Irak disparaissait demain, cela ne nous affranchirait pas de la nécessité de jouer un rôle fort et actif sur la scène internationale, pas plus que cela ne nous déchargerait des responsabilités que le destin a placées sur nos épaules. Étant donné les dangers qui nous menacent actuellement et les périls inconnus qui nous attendent, il nous faut continuer à porter ce fardeau sans relâche. Si nous voulons préserver un ordre mondial satisfaisant et favorable, l'Amérique doit continuer à jouer un rôle de premier plan pour contrecarrer et si possible affaiblir les dictateurs agressifs et les idéologies hostiles, pour soutenir les intérêts américains et les principes démocratiques libéraux, et pour aider ceux qui luttent contre les manifestations les plus extrêmes de la malfaisance humaine. Si l'Amérique s'abstient de façonner cet ordre mondial, soyons sûrs que d'autres le feront, et qu'ils le feront d'une manière qui ne correspondra ni à nos intérêts ni à nos valeurs.

Hormis les États-Unis, qui pourrait se faire le gardien de cet ordre ? L'Europe ? Après s'être livré un combat fratricide à deux reprises au cours du vingtième siècle et avoir cherché refuge sous le parapluie américain pendant la guerre froide, la plupart des pays européens ont répondu aux défis de l'après-guerre froide par un mélange de mesquinerie, d'impuissance et de lassitude morale. Ayant proclamé les années quatre-vingt-dix « heure de l'Europe », leurs dirigeants ont laissé le nettoyage ethnique consumer leur continent tout en concluant de juteux contrats commerciaux avec des États parias et en refusant d'augmenter leurs budgets de la Défense ou de prendre les autres mesures nécessaires pour élaborer une politique étrangère indépendante. La Chine ? Elle est dirigée par une dictature, handicapée par une idéologie dysfonctionnelle et n'inspire que crainte et haine à ses voisins. Les Nations unies ? Loin d'exister comme une entité autonome, l'ONU n'est qu'une simple réunion d'États dont beaucoup sont autocratiques et peu se montrent aussi soucieux de l'intérêt public que l'Amérique – laquelle, soit dit en passant, confère à l'ONU une bonne partie de son poids financier, politique et militaire.

Un avenir plein d'humanité passe donc par une politique étrangère américaine sûre d'elle, idéaliste, déterminée et convenablement financée. L'Amérique ne doit pas seulement être le policier ou le shérif du monde, elle doit être son phare et son guide. « Un policier reçoit sa mission d'une autorité supérieure, mais dans la communauté des nations il n'y a pas d'autorité supérieure à l'Amérique[225] », écrit le politologue Joshua Muravchik. Ce sentiment n'est pas une simple manifestation de fierté nationale. C'est la vérité. L'alternative à la domination américaine est un monde chaotique où il n'existe nulle autorité capable d'empêcher l'agression, d'assurer la paix et la sécurité et de faire respecter les normes internationales. C'est manquer de perspicacité que de s'imaginer qu'une politique « d'humilité » serait plus sûre ou moins coûteuse qu'une politique visant à empêcher l'apparition de nouveaux dangers, permettant aux États-Unis d'arriver rapidement sur les lieux d'un problème potentiel avant qu'il n'ait le temps de surgir, et combattant les menaces pour l'intérêt national avant qu'elles ne se transforment en crises ouvertes. Le sénateur Kay Bailey Hutchison a exprimé une opinion couramment répandue mais totalement erronée quand elle a écrit voici quelques années qu'« une superpuissance est plus crédible et plus efficace quand elle conserve une distance mesurée entre elle et les conflits régionaux[226] ». En réalité, c'est exactement de cette façon qu'une superpuissance cesse d'en être une.

Il n'est pas inutile de se demander comment le reste du monde réagira à une période prolongée de domination américaine. Charles A. Kupchan, auteur de *The End of the American Era : U.S. Foreign Policy and the Geopolitics of the Twenty-First Century*[227], avance que les « connotations néo-impérialistes » de la Doctrine Bush pourraient favoriser l'apparition de « la contre-coalition que l'administration déclare justement essayer d'éviter[228] ». Certes, les régimes qui considèrent un ordre mondial dirigé par l'Amérique comme une menace pour leur existence s'efforceront d'éroder la puissance des

États-Unis, tenteront de former des alliances tactiques avec d'autres États parias dans le but commun de déstabiliser l'ordre international et chercheront à semer la discorde entre l'Amérique et ses alliés. Mais cela ne changera rien. La question aujourd'hui n'est pas « l'arrogance » de l'Amérique. C'est la réalité incontournable de sa puissance dans ses multiples dimensions. Ceux qui prétendent que ces rancœurs internationales pourraient, on ne sait comment, être éliminées par une politique étrangère plus retenue se font des illusions. Même une Amérique qui cesserait d'intervenir dans des endroits comme l'Irak continuerait d'être la cible des jalousies, des aigreurs et parfois des peurs. Une Amérique plus polie mais toujours aussi puissante continuerait de faire obstacle aux ambitions des Chinois, d'offusquer les islamistes et d'exacerber le complexe d'infériorité des Français. À moins que l'Amérique ne soit prête à se priver de sa puissance et de son influence pour permettre aux autres nations de parvenir à une relative parité sur la scène internationale, les concurrents en herbe et les envieux continueront à nourrir des rancunes contre elle.

Mais il est douteux qu'un groupement de nations, quel qu'il soit, puisse représenter un défi sérieux pour la puissance américaine. Beaucoup des critiques lancées aujourd'hui contre « l'hégémonie » américaine ne sont que gesticulations stériles. Des alliés comme les Français peuvent bien ergoter sur « l'hyperpuissance » américaine, mais ils sont conscients des avantages que leur apporte leur dépendance vis-à-vis d'une Amérique garante de l'ordre international. Quant à la Russie, à la Chine et au monde islamique, la possibilité d'une véritable action commune de leur part est faible. La méfiance mutuelle qu'ils entretiennent depuis longtemps est encore renforcée par le fait qu'ils ne partagent aucun objectif stratégique commun, même en ce qui concerne les États-Unis. En outre, la réticence de ces pays, et d'autres, à se liguer contre l'Amérique n'est pas sans rapport avec le fait que celle-ci ne défend pas un intérêt national défini de manière étroite et égoïste mais trouve généralement son intérêt dans un ordre international bienveillant.

Préserver notre suprématie et faire des efforts suivis pour façonner l'environnement international : est-ce là une tâche qui excède nos capacités ? Pas si nos dirigeants ont l'intelligence et la volonté politique de prendre les mesures nécessaires. La tâche qui nous attend n'est pas particulièrement difficile. En fait, elle consiste essentiellement à renforcer des forces déjà existantes.

Malgré sa dégradation pendant les années quatre-vingt-dix, nous possédons toujours l'armée la plus puissante du monde. Elle a montré sa vaillance à plusieurs reprises depuis la fin de la guerre froide, au Panama, en Irak, au Kosovo, en Afghanistan et maintenant à nouveau en Irak. Toutefois, nous devons ces victoires à des acquis sur lesquels les États-Unis se laissent vivre depuis plus de dix ans. Malgré l'augmentation des crédits alloués par Bush au budget de la Défense, ce budget reste insuffisant, aussi bien du point de vue de l'état de préparation actuel de notre armée que sur le plan des investissements dans les futures technologies militaires. Il existe un fossé entre les objectifs stratégiques de l'Amérique et les moyens dont elle dispose pour les accomplir, situation qui devient plus évidente à chaque déploiement de ses forces à l'étranger.

Pourtant, combler ces insuffisances et créer une force qui sera capable de modeler l'environnement international aujourd'hui, demain et dans vingt ans est une tâche à notre portée. Il faut compter pour cela environ cent milliards de dollars par an en plus du budget actuel de la Défense. Le chiffre peut sembler impressionnant, mais en termes historiques il ne représente qu'une fraction modeste des richesses de l'Amérique. Mesuré à l'aune des cinquante dernières années, il reste peu élevé et il est bien inférieur aux sommes que la plupart des grandes puissances ont dépensées pour leurs armées tout au long de l'histoire. La préservation de la prééminence américaine ne le vaut-elle pas ?

L'Amérique a également hérité de la guerre froide des alliances solides en Europe et en Asie, ainsi qu'avec Israël au Moyen-Orient. Ces alliances constituent un rempart pour la puissance américaine ; plus important encore, elles sont le cœur de l'ordre démocratique libéral que les États-Unis cherchent à préserver et à étendre. Les détracteurs de l'internationalisme typiquement américain prétendent souvent qu'il s'agit d'une idéologie fondamentalement unilatéraliste. En réalité, une stratégie ayant pour objectif de préserver notre suprématie nécessiterait de notre part un engagement encore plus important aux côtés de nos alliés. L'Amérique ne serait pas uniquement un « facteur d'équilibre extérieur » dans les actions de dernier recours, comme beaucoup le recommandent. Elle ne serait pas un « shérif réticent » qui ne passe à l'action que lorsque les habitants de la ville se tournent vers lui en désespoir de cause. Notre suprématie ne peut pas être préservée à distance. L'Amérique doit au contraire se considérer à la fois comme une puissance européenne, une puissance asiatique et, bien entendu, une puissance moyen-orientale. Elle doit agir comme si les dangers qui menacent les intérêts de nos alliés nous menaçaient aussi, ce qui est effectivement le cas. Elle doit agir comme si le non-respect des règles de conduite civilisées nous affectaient presque aussi directement que si elles survenaient sur le pas de notre porte. Si elle ne le faisait pas, elle apparaîtrait comme un partenaire peu fiable dans les affaires internationales, ce qui saperait à la fois sa suprématie et l'ordre international lui-même.

Une Amérique forte, capable de déployer ses troupes rapidement et avec un effet dévastateur dans les régions névralgiques réduirait le risque que les adversaires de la stabilité tentent de modifier le statu quo en leur faveur. Elle pourrait même les empêcher d'entreprendre des efforts coûteux pour s'armer. En revanche, une Amérique dont la capacité militaire et la volonté sont mises en doute ne peut que les encourager dans leurs desseins. Le message que nous devrions envoyer à nos ennemis potentiels est : « N'y pensez même pas. » Ce genre de dissuasion est la meilleure recette d'une paix durable ; elle est bien moins coûteuse que les guerres que nous aurions à mener si nous ne nous dotions pas de cette capacité militaire.

Cependant, la capacité de déployer nos forces à l'étranger pourrait se trouver de plus en plus compromise au cours des années qui viennent à mesure que les petites puissances se procureront des armes de destruction massive et les missiles qui permettent de les lancer contre nos forces, contre nos alliés et contre notre patrie. Paradoxalement, en se plaignant de ce qu'une défense antimissile consoliderait l'hégémonie américaine et ferait des Américains « les maîtres du monde », nos détracteurs étrangers comprennent mieux que nos détracteurs américains la raison d'être de cette défense :

sans elle, un adversaire armé de missiles de longue portée peut, comme l'explique Robert Joseph, conseiller spécial du président Bush pour la contre-prolifération au sein du Conseil national de sécurité, « prendre en otage nos villes et celles de nos alliés et nous dissuader ainsi d'intervenir[229] ». En d'autres termes, l'enjeu de la défense antimissile est de préserver la capacité de l'Amérique à exercer sa puissance à l'étranger.

Personne n'aurait pu prévoir que l'Irak serait le premier défi-test de l'après-guerre froide, tout comme personne n'aurait pu prévoir que Berlin serait le premier champ de bataille de la guerre froide. Ce défi-test aurait aussi bien pu survenir ailleurs, en Corée du Nord, dans le détroit de Taïwan ou sur le plateau du Golan. Mais l'histoire a voulu que la première grande menace du vingt et unième siècle apparaisse en Irak. L'incapacité à vaincre Saddam a été l'un des moments marquants de la présidence de Bush père et de celle de Clinton. C'était maintenant au tour de George W. Bush. Après avoir échoué hier, l'Amérique allait-elle, cette fois-ci, trouver la bonne réponse ? Si le président Bush avait suivi les politiques et les visions du monde de ses prédécesseurs, il aurait certainement échoué à son tour. Mais s'il parvient à provoquer un véritable changement de régime en Irak, il établira un précédent historique : pour l'Irak, qui pourrait devenir la première démocratie arabe ; pour les États-Unis, qui prouveront la compatibilité entre leurs intérêts et leurs idéaux ; et pour le monde, dont l'Amérique aura fait un endroit plus sûr et plus juste.

Notre route commence à Bagdad, mais elle ne s'arrête pas là. Si l'Amérique se retirait dans sa tour d'ivoire après la victoire, comme elle l'a fait la dernière fois qu'elle est partie en guerre contre l'Irak, de nouveaux dangers surgiraient rapidement. Empêcher que cela se produise sera une lourde charge dont la guerre en Irak ne représente que la première tranche. Mais l'Amérique ne peut se soustraire à sa responsabilité, qui est de préserver un ordre mondial digne de ce nom. La réponse à ce défi est l'idée américaine même, avec derrière elle la force militaire et économique inégalée du pays qui en est le dépositaire. Dûment armés, les États-Unis pourront passer à l'action pour assurer leur sécurité et faire progresser la cause de la liberté – à Bagdad comme ailleurs.

Épilogue

L'Amérique a été attaquée il y a un peu plus d'un an et demi. Cette attaque était le résultat de vingt ans de faiblesse de notre part face au terrorisme et de trente ans de politique américaine inepte au Moyen-Orient. Depuis l'attentat à la bombe contre les baraquements des Marines au Liban en 1983, auquel nous avons à peine réagi, jusqu'aux autres attentats passés presque inaperçus ou rapidement oubliés qui se sont succédé durant le reste des années quatre-vingts et tout au long des années quatre-vingt-dix, les États-Unis en sont venus à être perçus comme un « cheval faible ». La formule est celle d'Oussama Ben Laden, et il avait raison.

De même, entre l'embargo pétrolier de 1973, la destruction d'un Liban libre et démocratique au milieu des années soixante-dix par l'Organisation de libération de la Palestine et la Syrie, la révolution de Khomeyni en Iran, l'exportation saoudienne accélérée d'un islamisme wahhabite violent vers l'Amérique et le monde, et les exactions de Saddam dans les années quatre-vingts et quatre-vingt-dix, les États-Unis se sont contentés d'encaisser les coups. Pour citer un exemple patent, Saddam a été autorisé à rester au pouvoir après avoir été mis en déroute dans la guerre du Golfe, puis à violer systématiquement et presque impunément le cessez-le-feu qu'il avait signé. Pendant ce temps, les États-Unis décidaient que la bonne réponse à la tyrannie et à la brutalité au Moyen-Orient n'était pas de punir nos ennemis et de défendre nos principes, mais d'accorder la priorité au « processus de paix » entre un Israël démocratique et le maître terroriste qu'est Yasser Arafat.

Cette époque, une époque durant laquelle la position de l'Amérique était le doute, la faiblesse et le repli, une époque durant laquelle nous avons été incapables d'affirmer nos principes les plus chers ou même de nous défendre nous-mêmes, a pris fin le 11 septembre 2001. Nous avons pris l'engagement de vaincre le terrorisme à travers le monde. Nous avons pris l'engagement de remodeler le Moyen-Orient pour que la région cesse d'être le foyer du terrorisme, de l'extrémisme, de l'antiaméricanisme et des armes de destruction massive. Les deux premières batailles de cette nouvelle ère sont aujourd'hui terminées. En Afghanistan comme en Irak, nous avons remporté une victoire décisive et honorable. Mais ce ne sont que deux batailles. La guerre contre la terreur et les États terroristes ne fait que commencer.

Le régime des talibans qui avait offert à Al-Qaïda un abri et un soutien n'existe plus et près de deux millions de réfugiés afghans sont rentrés chez eux. L'un des deux plus dangereux États parias qui dominaient le golfe Persique, cœur politique d'un Moyen-Orient instable et crucial, a été renversé. Libérés du joug de gouvernements sanguinaires, cinquante millions de musulmans peuvent désormais vivre une vie digne de ce nom. La guerre contre le terrorisme se déroule extraordinairement bien. Même si la menace d'une autre attaque contre l'Amérique n'a pas disparu, aucune n'a eu lieu depuis les attentats du 11 septembre contre le World Trade Center et le Pentagone. Nos forces de l'ordre ont déraciné les cellules d'Al-Qaïda en sommeil sur notre sol, et les gouvernements amis ont pris des mesures répressives contre les terroristes antiaméricains à l'étranger.

L'Amérique est une nation forte. Mais la décision de répondre aux menaces qui ont atteint leur point culminant le 11 septembre ne coulait pas de source. Regardons la vérité en face : si Bill Clinton avait toujours été président le

11 septembre et s'il était toujours président aujourd'hui, les talibans seraient peut-être partis mais Saddam serait toujours au pouvoir et nous en serions encore à mener la guerre contre le terrorisme par des moyens « politiquement corrects » sur notre territoire et de manière acceptable par l'ONU hors de nos frontières. Il y aurait eu un 11 septembre mais il n'y aurait pas eu un 9 avril 2003, jour où les statues de Saddam ont été abattues.

L'impulsion politique est importante. Le président Bush avant tout, mais aussi le vice-président Dick Cheney, le conseiller national pour la sécurité Condoleezza Rice, le secrétaire à la Défense Donald Rumsfeld et le ministre de la Justice John Ashcroft, entre autres, ont relevé le défi du 11 septembre. Notre armée a relevé le défi avec deux campagnes brillantes et innovantes en Afghanistan et en Irak. Notre peuple a relevé le défi. De nombreuses batailles, aussi bien militaires que politiques, restent à mener comme autant de tests de la détermination de l'Amérique. Mais la guerre contre le terrorisme et les États qui le soutiennent – le grand défi d'aujourd'hui – est déjà bien entamée.

Notes

Tyrannie, agression et armes de destruction massive

[1] Judith Miller et Laurie Mylroie, *Saddam Hussein and the Crisis in the Gulf* (New York, Times Book, 1990), p. 38.
[2] « Saddam's Work in the Marshlands », *Wall Street Journal*, 19 août 1992.
[3] Sandra Mackey, *The Reckoning* (New York, Norton, 2002), pp. 289-291.
[4] *Rapport spécial de la Commission des droits de l'homme de l'ONU*, août 1992.
[5] Kanan Makiya, *Republic of Fear* (Berkeley, University of California Press, 1998), p. 42.
[6] Cité dans Eric Schmitt, « Iraq is Defiant as GOP Leader Opposes Attack », *New York Times*, 8 août 2002.
[7] « King Says Saddam's Policies Have Left Pyramids of Skulls », Associated Press, 15 décembre 1997.
[8] Discours de Saddam Hussein communiqué par l'agence de presse irakienne, *BBC Worldwide*, 17 juillet 2001.
[9] Lettre du directeur de la CIA George Tenet au sénateur Bob Graham, président de la Commission du renseignement du Sénat, 9 octobre 2002.
[10] Daniel Eisenberg, « "We're Taking Him Out" », *Time*, 13 mai 2002.
[11] Conférence de presse de Donald Rumsfeld, Pentagone, 20 août 2002.
[12] Cité dans Peter Eisler, « Targeting Saddam: Was There an Iraqi 9/11 Link? », *USA Today*, 3 décembre 2001. Cet article évoque également le financement des terroristes algériens par l'Irak *via* Ben Laden.
[13] Lettre du directeur de la CIA George Tenet au sénateur Bob Graham, président de la Commission du renseignement du Sénat, 9 octobre 2002.
[14] Conférence de presse d'Ari Fleischer, porte-parole de la Maison-Blanche, à Crawford, Texas, le 20 août 2002.

[15] Rapport du département d'État « Patterns of Global Terrorism », 21 mai 2002.
[16] David Rose, « Iraq's Arsenal of Terror », *Vanity Fair*, 2 mai 2002.
[17] Cité dans Chris Hedges, « Defectors Cite Iraqi Training for Terrorism », *New York Times*, 8 novembre 2001.
[18] Cité dans Michael Dornheim, « Satellite Photos Believed to Show Airliner for Training Highjackers », *Aviation Week and Space Technology*, 7 janvier 2002.
[19] Président Bill Clinton, Pentagone, 17 février 1998.
[20] Rapport des Nations unies, Annexe D, « Actions by Iraq to Obstruct Disarmament », 25 janvier 1999, p. 6.
[21] Richard Butler, *The Greatest Threat* (New York, Public Affairs, 2001), p. 157.
[22] Lawrence F. Kaplan, « Bluffing: Why Is Bush Demanding Weapons Inspectors ? », *New Republic*, 25 février 2002, p. 19.
[23] Cité dans Robin Wright, « UN Chief Confident about Pact with Iraq », *Los Angeles Times*, 25 février 1998.
[24] Kaplan, « Bluffing: Why is Bush Demanding Weapons Inspectors ? », *New Republic.*
[25] Kaplan, *art. cit.*, *New Republic.*
[26] Kaplan, *art. cit.*, *New Republic.*

Réalisme étroit (Bush I)

[27] Norman Kempster, « US Favors Iraq in War, Shultz Indicates », *Los Angeles Times*, 17 décembre 1986, p. 22.
[28] Bruce W. Jentleson, *With Friends Like These: Reagan, Bush and Saddam, 1982-1990* (New York, Simon and Schuster, 1994), p. 43
[29] Jentleson, *op. cit.*, p. 45.
[30] Abou Abbas a été arrêté par les Américains à Bagdad en avril 2003, après la chute de la ville. (*N.d.E.*)
[31] Jentleson, *op. cit.*, p. 84.
[32] Jentleson, *op. cit.*, p. 98.
[33] Jentleson, *op. cit.*, p. 104.
[34] Jentleson, *op. cit.*, p. 146.
[35] Jentleson, *op. cit.*, p. 146.
[36] Michael R. Gordon et Bernard E. Trainor, *The Generals' War: The Inside Story of the Conflict in the Gulf* (Boston, Little, Brown and Co, 1995), p. 23.
[37] Gordon et Trainor, *op. cit.*, p. 23.
[38] R. W. Apple Jr., « Noncandidate Powell Stirs Waves on Republican Right », *New York Times*, 3 octobre 1995.
[39] Gordon et Trainor, *op. cit.*, p. 33.

[40] Rick Atkinson, *Crusade: The Untold Story of the Persian Gulf War* (Boston, Houghton Mifflin, 1993), p. 470.
[41] Gordon et Trainor, *op. cit.*, p. 416.
[42] George H. W. Bush et Brent Scowcroft, *A World Transformed*, édition de poche (New York, Vintage Books, 1999), p. 433. [Traduit en français sous le titre *À la Maison-Blanche*, éd. Odile Jacob, 1999]
[43] Colin Powell, *My American Journey*, édition de poche (New York, Random House, 1996), p. 512. [Traduit en français sous le titre *Un enfant du Bronx*, éd. Odile Jacob, 1995]
[44] Powell, *op. cit.*, p. 516.
[45] Brent Scowcroft, entretien pour *ABC News*, 7 février 1998.
[46] Président George H. W. Bush, discours à l'American Association for the Advancement of Science, 15 février 1991.
[47] Powell, *op. cit.*, p. 513. [Jefferson, président des États-Unis de 1801 à 1809, fut le principal auteur de la Déclaration d'Indépendance américaine (1776). Les *Federalist Papers* sont une série d'articles écrits au XVIIIe siècle pour convaincre les Américains des avantages de la nouvelle Constitution des États-Unis (*N.d.T.*)].
[48] John Quincy Adams, discours du 4 juillet 1821.
[49] Hans J. Morgenthau, *In Defense of the National Interest* (New York, Alfred A. Knopf, 1951), p. 35.
[50] Cité dans Robert Kagan, « The Revisionist », *New Republic*, 21 juin 1999, p. 36.
[51] Bush et Scowcroft, *op. cit.*, p. 188.
[52] Bush et Scowcroft, *op. cit.*, p. 556.
[53] Président George H. W. Bush, discours au Soviet suprême de la République d'Ukraine, 1er août 1991.
[54] Bush et Scowcroft, *op. cit.*, p. 111.
[55] David Gompert, « How to Defeat Serbia », *Foreign Affairs*, juillet/août 1994, p. 30.
[56] Cité dans *Time*, 17 août 1992.

Libéralisme illusoire (Clinton)

[57] Président Bill Clinton, entretien paru dans le *New York Times*, 28 juin 1992.
[58] Cité dans Scott MacLeod, « Gore to Rebels: We're With You, Maybe », *Time*, 11 août 1997.
[59] Martin Indyk, discours au Washington Institute for Near East Policy, 18 mai 1993.
[60] *ABC News*, 7 février 1998.
[61] Robin Wright, « Jordan King Aims to Organize Foes of Saddam Hussein », *Los Angeles Times*, 7 décembre 1995.

[62] John Lancaster et David B. Ottaway, « With CIA's Help, Group in Jordan Targets Saddam », *Washington Post*, 23 juin 1996.
[63] William Perry dans l'émission *NewsHour with Jim Lehrer*, 17 septembre 1996.
[64] Président Bill Clinton, discours prononcé depuis le Bureau ovale, 3 septembre 1996.
[65] Madeleine Albright dans l'émission *NewsHour with Jim Lehrer*, 28 juin 1993.
[66] Al Gore, entretien pour *CBS News*, 28 juin 1993.
[67] Al Gore, cité dans Susan Bennett et Frank Greve, « A Question of Deterrence », *Houston Chronicle*, 29 juin 1993.
[68] Madeleine Albright, discours à l'université d'État du Tennessee, 19 février 1998.
[69] Lawrence F. Kaplan, « Rollback », *New Republic*, 30 septembre 2000.
[70] Jim Hoagland, « Virtual Policy », *Washington Post*, 7 mars 1999.
[71] Kenneth M. Pollack, *The Threatening Storm : The Case for Invading Iraq* (New York, Random House, 2002), p. 102.
[72] Kaplan, *art. cit.*, *New Republic.*
[73] Selean Hacaoglu, « U.S. Air Force Using Cement Bombs Against Iraq », Associated Press, 7 octobre 1999.
[74] Pollack, *Threatening Storm*, p. 99.
[75] Colum Lynch, « UN Arms Inspectors Back Down », *Washington Post*, 31 août 2000.
[76] Lawrence F. Kaplan, « Trading Places », *New Republic*, 23 octobre 2000.
[77] Peter Tarnoff, cité dans *Newsday*, 30 mai 1993.
[78] Président Bill Clinton, cité dans le *Washington Post,* 17 octobre 1993.
[79] William Perry, interview dans *Meet the Press*, 27 novembre 1994.
[80] Président Bill Clinton, discours aux Nations unies, 22 septembre 1997.
[81] Strobe Talbott, « Globalization and Diplomacy », *Foreign Policy*, septembre 1997, p. 68
[82] Président Bill Clinton, discours à la conférence de la Fédération américaine des employés des États, comtés et municipalités, 23 mars 1999.
[83] Warren Christopher, cité dans James Chace, « Exit, NATO », *New York Times*, 4 juin 1993.
[84] Président Bill Clinton, déclaration sur l'accord-cadre signé entre les États-Unis et la Corée du Nord, 18 octobre 1994.
[85] Madeleine Albright, conférence de presse sur les attentats contre les ambassades américaines au Kenya et en Tanzanie, 27 août 1998.

Un internationalisme typiquement américain (Bush II)

[86] Robert W. Tucker, « Exemplar or Crusader ? », *National Interest*, automne 1986, p. 69.
[87] Cité dans John Ehrman, *The Rise of Neoconservatism : Intellectuals and Foreign Affairs, 1945-1994* (New Haven, Yale University Press, 1995), p. 27.
[88] Cité dans Jeffrey Record, *Making War, Thinking History : Munich, Vietnam and Presidential Uses of Force from Korea to Kosovo* (Annapolis, Naval Institute Press, 2002), p. 76.
[89] Entretienpour la National Public Radio (réseau des radios publiques), 13 septembre 2000.
[90] Jonathan Clarke, « May Powell Win the G.O.P. Slug Fest over Foreign Policy ? », *Los Angeles Times*, 6 février 2001, p. 9.
[91] Colin Powell, « Why Generals Get Nervous », *New York Times*, 8 octobre 1992.
[92] Richard Haass, « What to Do with American Primacy », *Foreign Affairs*, septembre/octobre 1999, p. 37.
[93] Cité dans Lawrence F. Kaplan, « Drill Sergeant », *New Republic*, 26 mars 2001.
[94] Colin Powell, *My American Journey*, p. 561.
[95] Cité dans le *Washington Post*, 15 mai 2002.
[96] Président George W. Bush, discours au Congrès, 20 septembre 2002.
[97] « The Limits of Power », *New York Times*, 31 janvier 2002.
[98] Président George W. Bush, allocution au Cincinnati Museum Center, 7 octobre 2002.
[99] Président George W. Bush, discours aux élèves de la promotion 2002 de l'Académie militaire des États-Unis, West Point, 1er juin 2002.
[100] *Stratégie de sécurité nationale des États-Unis*, 17 septembre 2002.

De la dissuasion à l'action préventive

[101] *Stratégie de sécurité nationale des États-Unis*, 17 septembre 2002.
[102] Sénateur Tom Harkin, allocution au Sénat, 4 janvier 1991.
[103] Madeleine Albright dans l'émission *Moneyline*, CNN, 13 septembre 2002.
[104] Sénateur Carl Levin dans l'émission *Meet the Press*, ABC, 12 août 2002.
[105] Jimmy Carter, « The Troubling New Face of America », *Washington Post*, 5 septembre 2002.
[106] Vice-président Dick Cheney, discours au Congrès national des vétérans des guerres à l'étranger, Nashville, Tennessee, 26 août 2002.

[107] Charles Duelfer dans l'émission *Talk of the Nation*, National Public Radio (réseau des radios publiques), 8 août 2002.
[108] Brent Scowcroft, « Don't Attack Saddam », *Wall Street Journal*, 15 août 2002.
[109] Steve Chapman, « Case for Invading Iraq Is Full of Holes », *Baltimore Sun*, 3 septembre 2002.
[110] U.S. Air Force, *The Gulf War Air Power Survey*, vol. 1, *Planning and Command and Control* (Washington, D.C. : U.S. Government Printing Office, 1993), p. 81.
[111] Walter Lippmann, *Public Opinion* (New York, MacMillan, 1927), p. 85.
[112] Cité dans Lawrence Kaplan, « Offensive Line », *New Republic*, 12 mars 2001.
[113] Mary McGrory, « Unequal Opportunity for Tyrants », *Washington Post*, 20 octobre 2002.
[114] Henry Shelton, lettre au sénateur James Inhofe, 24 août 1998.
[115] Rapport du Conseil national du renseignement, *Foreign Missile Developments and Ballistic Missile Threat to the United States through 2015*, 2000.
[116] Henry Kissinger, « Ready for Revitalizing », *Washington Post*, 9 mars 1995.
[117] Colin Powell, intervention devant la Commission des relations étrangères du Sénat, 26 septembre 2002.
[118] Cité dans Thomas E. Ricks et Vernon Loeb, « Bush Developing Military Policy of Striking First », 10 juin 2002.
[119] Cité dans Eric Schmitt, « Iraq Is Defiant as G.O.P. Leader Opposes Attack », *New York Times*, 9 août 2002.
[120] Al Gore, allocution au Commonwealth Club, San Francisco, 23 septembre 2002.
[121] Cité dans Ruth Wedgwood, « Six Degrees of Preemption », *Washington Post*, 29 septembre 2002.
[122] Richard Regan, *Just War* (Washington, D.C., The Catholic University of America Press, 1996), p. 51.
[123] Henry Kissinger, *Washington Post*, 10 décembre 2002.
[124] Cité dans « Six Degrees of Preemption », *Washington Post*, 29 septembre 2002.
[125] *2000 Democratic Party Platform*, 15 août 2000.
[126] Kofi Annan, « Two Concepts of Sovereignty », *The Economist*, 18 septembre 1999.
[127] Cité dans Nicholas Lemann, « The Next World Order », *New Yorker*, 1er avril 2002.
[128] « Israel's Illusion », *New York Times*, 9 juin 1981.

129 Déclaration du gouvernement israélien sur l'attaque contre le réacteur nucléaire irakien, 8 juin 1981.
130 Benyamin Nétanyahou, intervention devant la Commission des relations étrangères du Sénat, 14 septembre 2002.
131 Condoleezza Rice, BBC Radio 4, 15 août 2002.
132 Dianne Feinstein, allocution au 107e Congrès, 5 septembre 2002.
133 Tom Daschle, entretien avec la presse, 3 septembre 2002.
134 Cité dans Glenn Kessler et Peter Slavin, « Abdullah : Foreign Leaders Oppose Attack ; Jordanian King to Urge Bush to Focus on Peace in Mideast, Not Invasion of Iraq », *Washington Post*, 1er août 2002.
135 Gerhard Schröder, ARD Television, 10 août 2002.
136 Jean Chrétien, entretien avec le président Bush à Détroit, 10 septembre 2002.
137 Richard Holbrooke, « Give Diplomacy More Time », *Washington Post*, 7 septembre 2002.
138 Cité dans Joshua Muravchik, *The Imperative of American Leadership* (Washington, D.C., AEI Press, 1991), p. 82.
139 *Ibid.*, p. 78.
140 « Let the U.N. Vote », *Washington Post*, 23 octobre 2002.
141 Fareed Zakaria, « The Lonesome Doves of Europe », *Newsweek*, 30 septembre 2002.
142 Général Amr Moussa, Secrétaire de la Ligue arabe, 5 septembre 2002.
143 Salman Rushdie, « A Liberal Argument for Regime Change », *Washington Post*, 1er novembre 2002.
144 David Rieff, *World Policy Journal*, 22 juin 1999.
145 Christopher Hitchens, *Washington Post*, 20 octobre 2002.
146 Stanley Hoffman, « American Alone in the World », *American Prospect*, 23 septembre 2002, p. 20.
147 Charles Krauthammer, « Alone at the Top », *Commercial Appeal*, 21 juillet 1991.
148 Cité dans Lawrence Kaplan, « On Iraq, McGovernism Returns », *New Republic*, 28 janvier 2002.
149 Cité dans Lawrence Kaplan, « Meanwhile on the Left... », *National Interest*, printemps 2000.
150 *New Republic*, 23 septembre 2002.

De l'endiguement au changement de régime

151 *Stratégie de sécurité nationale des États-Unis*, 17 septembre 2002.
152 Président George W. Bush, Cincinnati, 7 octobre 2002.
153 Colin Powell, *My American Journey*, p. 512.

[154] Brent Scowcroft, « Don't Attack Saddam », *Wall Street Journal*, 15 août 2002, p. 12.
[155] Lawrence Eagleburger dans *Meet the Press*, NBC, 1er septembre 2002.
[156] Lawrence Eagleburger dans *Crossfire*, CNN, 19 août 2002.
[157] Sénateur Chuck Hagel dans *This Week*, ABC, 1er septembre 2002.
[158] Phebe Marr, intervention devant la Commission des relations étrangères du Sénat, 1er août 2002.
[159] Rend Rahim Francke, intervention devant la Commission des relations étrangères du Sénat, 1er août 2002.
[160] Michael Mandelbaum, « U.S. Must Plan Post-Hussein Iraq », *Newsday*, 1er août 2002.
[161] Michael Elliott, « The Lessons of Empire: As Bush Considers Colonizing Iraq, He Ought to Look at the Last Attempt », *Time*, 7 octobre 2002, p. 38.
[162] Shibley Telhami, « A Hidden Cost of War on Iraq », *New York Times*, 7 octobre 2002.
[163] Laith Kubba, « How to Achieve Democracy in Iraq », *Financial Times*, 7 octobre 2002.
[164] Vice-président Dick Cheney, discours au Congrès national des vétérans des guerres à l'étranger, Nashville, Tennessee, 26 août 2002.
[165] Thomas Friedman, « Iraq Debate Is Upside Down: America Has More to Fear from Angry Radicals with Nothing to Lose », *New York Times*, 19 septembre 2002.
[166] Kanan Makiya, « The Day After: Planning for a Post-Saddam Iraq », conférence à l'American Enterprise Institute, 3 octobre 2002.
[167] Adam Garfinkle, « The Impossible Imperative? Conjuring Arab Democracy », *National Interest*, automne 2002.
[168] Colin Powell, *op. cit.*, p. 513.
[169] Graham Fuller, « The Future of Political Islam », *Foreign Affairs*, mars/avril 2002, p. 48.
[170] Howard Wiarda, « Can Democracy Be Exported? The Quest for Democracy in the United States Latin Policy », exposé présenté à l'occasion du Dialogue interaméricain sur les relations États-Unis/Amérique latine dans les années 80, financé par le programme « Amérique latine » du Woodrow Wilson International Center for Scholars, Washington, D.C., mars 1983.
[171] Cité dans Joshua Muravchik, *Exporting Democracy* (Washington, D.C., AEI Press, 1991), p. 71.
[172] Paula Dobriansky, discours à l'Heritage Foundation, « The Diplomatic Front of the War on Terrorism: Can the Promotion of Democracy and Human Rights Tip the Scales? », 21 décembre 2001.

[173] Président George W. Bush, discours à West Point, 1er juin 2002.
[174] Cité dans James Kitfield, « The New New World Order », *National Journal*, 2 novembre 2002.
[175] Président des États-Unis de 1913 à 1921 [*N.d.T.*]
[176] John Lewis Gaddis, « A Grand Strategy of Transformation », *Foreign Policy*, 1er novembre 2002.
[177] Martin Indyk, « Long War in the Making », *Foreign Affairs*, janvier/février 2002, p. 75.
[178] Prince Abdallah Ben Abdel Aziz, lettre au président Bush, 28 octobre 2001.
[179] Condoleezza Rice, conférence de Wriston, 1er octobre 2002.
[180] *Stratégie de sécurité nationale*, 2002.
[181] Président Bush, discours à West Point, 1er juin 2002.
[182] *Stratégie de sécurité nationale*, 2002.
[183] *Ibid.*, 2002.
[184] Michael McFaul, « The Liberty Doctrine: Reclaiming the Purpose of American Power », *Policy Review*, 1er avril 2002, p. 3.
[185] Cité dans Michael U. Doyle, « Liberalism and War Politics », *American Political Science Review*, vol. 80, n°4, pp. 1151-1169. [Citation extraite d'un texte traduit en français sous le titre *Pour la paix perpétuelle*, Presses universitaires de Lyon, 1985 (*N.d.T.*)]
[186] G. John Ikenberry, « Why Export Democracy? », *Wilson Quarterly*, 22 mars 1999, p. 56.
[187] Leon Fuerth, « Intoxicated with Power », *Washington Post*, 16 octobre 2002.
[188] Anthony Lewis, « Bush and Iraq », *New York Times*, 7 novembre 2002.
[189] Stanley Hoffman, « America Alone in the World », *American Prospect*, 23 septembre 2002, p. 20.
[190] Joseph Duffey, interviewé par Dick Kirschten, « Restive Relic », *National Journal*, 22 avril 1995, p. 976.
[191] Cité dans John Ehrman, *The Rise of Neoconservatism* (New Haven et Londres, Yale University Press, 1995), p. 59.
[192] *Ibid.*, p. 30.
[193] Sandy Berger, discours au Conseil des relations étrangères: « Building a New Consensus on China », 6 juin 1997.
[194] Président Bill Clinton, discours sur les tests nucléaires, 3 juin 1998.
[195] Cité dans Craig R. Whitney, « Dissents on Iran and Iraq », *New York Times*, 9 novembre 1997.
[196] Cité dans G. John Ikenberry, « The West: Precious, Not Unique », *Wilson Quarterly*, 22 mars 1997, p. 162.

197 Alexandre Soljenitsyne, *Warning to the West* (New York, Farrar, Straus and Giroux, 1976), p. 48. [Traduit en français sous le titre *L'Erreur de l'Occident*, Grasset, 1980]
198 Reinhold Niebuhr, *The Children of Light and the Children of Darkness* (New York, Charles Scriber's Sons, 1960, réédité en 1994), p. ix.
199 Cité dans Robert Kagan, « American Power – A Guide for the Perplexed : Foreign Policy and U.S. Intervention in Foreign Conflicts », *Commentary*, avril 1996.
200 Cité dans Lawrence Kaplan « Fall Guys », *New Republic*, 26 juin 2000.
201 Robert F. Ellsworth et Dimitri K. Simes, « Imposing Our 'Values'by Force », *Washington Post*, 29 décembre 1999.

De l'ambivalence à la prééminence

202 Président George W. Bush, « The Bush Doctrine », discours au Congrès, 20 septembre 2001.
203 Hendrik Hertzberg, « Manifesto », *New Yorker*, 14 octobre 2002.
204 Frances Fitzgerald, « George Bush and the World », *New York Review of Books*, 26 septembre 2002.
205 Président George W. Bush, discours à West Point, 1er juin 2002.
206 Condoleezza Rice, discours à la John Hopkins School of Advanced International Studies, 29 avril 2002.
207 Cité dans David Fromkin, *In the Time of the Americans* (New York, Alfred A. Knopf, 1995).
208 Cité dans William Kristol et Robert Kagan, *Present Dangers* (San Francisco, Encounter Books, 2000), p. 10.
209 John Lewis Gaddis, *We Now Know : Rethinking Cold War History* (Oxford, Clarendon Press, 1997), p. 12.
210 Président Harry Truman, discours au Congrès, 16 avril 1945, *Public Papers of the Presidents of the United States : Harry Truman, 1945* (Washington, D.C., U.S. Government Printing Office, 1962), p. 6.
211 Donald Rumsfeld, entretien réalisé pour l'émission *Fox Special Report with Brit Hume*, 19 août 2002.
212 Evan Thomas, « Rumsfeld's War », *Newsweek*, 16 septembre 2002, p. 20.
213 Noemie Emery, « Quagmire Nostalgia », *Weekly Standard*, 11 novembre 2002.
214 Richard Holbrooke, *To End a War* (New York, Random House, 1998), p. 118.

215 Anthony Lewis, « Bush and Iraq », *New York Review of Books*, 7 novembre 2002.
216 Cité dans Jeffrey Record, *Making War, Thinking History: Munich, Vietnam and Presidential Uses of Force from Korea to Kosovo*, p. 104.
217 Président George H. W. Bush, 1er mars 1991.
218 Président George H. W. Bush, lors de la cérémonie pour le 50e anniversaire de la bataille de Guadalcanal, 7 août 1992.
219 Président George W. Bush, discours d'acceptation de l'investiture du parti républicain pour les élections présidentielles, 4 août 2000.
220 Eliot Cohen, « Enough Blame to Go Round », *National Interest*, printemps 1998.
221 Colin Powell, *My American Journey*, p. 589.
222 Président Jimmy Carter, discours à la Chambre américaine de commerce de Tokyo, 28 mai 1975, cité dans Robert Kagan, *A Twilight Struggle: American Power in Nicaragua, 1977-1990* (New York, The Free Press, 1996), p. 51.
223 Citée dans « Terrorist Strikes Bring 'Homeland Defense'to Forefront », Associated Press, 16 septembre 2001.
224 Président George W. Bush, discours à West Point, 1er juin 2002.
225 Joshua Muravchik, *The Imperative of American Leadership*, p. 1.
226 Sénateur Kay Bailey Hutchison, « The Case for Strategic Sense », *Washington Post*, 13 septembre 1999.
227 La traduction française paraîtra aux Éditions Saint-Simon en octobre 2003.
228 Cité dans Judith Miller, « Keeping U.S. N° 1 », *New York Times*, 26 octobre 2002.
229 Robert Joseph, déclaration devant la Commission des forces armées de la Chambre des représentants, 28 juin 2000.

Cet ouvrage a été imprimé par la
SOCIÉTÉ NOUVELLE FIRMIN-DIDOT
Mesnil-sur-l'Estrée
pour le compte des Éditions Saint-Simon
en mai 2003

Imprimé en France
N° d'impression 63963
Dépôt légal : mai 2003
ISBN 2-915134-04-9
957.396.5